财政部规划教材

全国中等职业学校财经类教材

银行大堂经理服务课程训练

胡冬鸣 编著

中国财经出版传媒集团
中国财政经济出版社

图书在版编目（CIP）数据

银行大堂经理服务课程训练/胡冬鸣编著. --北京：中国财政经济出版社，2022.2
财政部规划教材　全国中等职业学校财经类教材
ISBN 978 - 7 - 5223 - 1072 - 5

Ⅰ.①银… Ⅱ.①胡… Ⅲ.①银行 - 商业服务 - 中国 - 中等专业学校 - 教材 Ⅳ.①F832.1

中国版本图书馆 CIP 数据核字（2022）第 012108 号

责任编辑：李　冰　　　　　责任校对：张　凡
封面设计：孙俪铭

银行大堂经理服务课程训练
YINHANG DATANG JINGLI FUWU KECHENG XUNLIAN

中国财政经济出版社 出版

URL：http：//www.cfeph.cn
E - mail：cfeph@ cfeph.cn
（版权所有　翻印必究）
社址：北京市海淀区阜成路甲 28 号　邮政编码：100142
营销中心电话：010 - 88191522
天猫网店：中国财政经济出版社旗舰店
网址：https：//zgczjjcbs.tmall.com
北京富生印刷厂印刷　各地新华书店经销
成品尺寸：185mm×260mm　16 开　6.5 印张　150 000 字
2022 年 2 月第 1 版　　2022 年 2 月北京第 1 次印刷
定价：25.00 元
ISBN 978 - 7 - 5223 - 1072 - 5
（图书出现印装问题，本社负责调换，电话：010 - 88190548）
本社质量投诉电话：010 - 88190744
打击盗版举报热线：010 - 88191661　QQ：2242791300

前言

　　本课程训练是财政部规划教材，由财政部教材编审委员会组织编写并审定，作为全国中等职业学校财经类教材使用。

　　银行大堂经理服务课程的学习需要学生有更多的临战机遇、学习更多的人际关系处理技巧、研磨更多的专业知识及生活知识。银行大堂经理服务工作的内容丰富多彩，服务方式灵活多样，许多技术技巧问题需要在不断的工作中体会和揣摩。正是基于这个出发点，在本课程训练的内容中特意安排了"阅读写感受"和"辨析问题提建议"两个训练模块。"阅读写感受"更多是来自银行大堂经理服务一线员工的工作感想和实录，让学生在开始学习的时候就有和大堂经理"零距离"的心灵感应；"辨析问题提建议"则是根据自己所学习的专业知识和对优质大堂服务工作的理解来进行问题查找和质量提升。本课程训练更多参考了目前银行内训的题目和方法，注重实战，非常贴合银行大堂经理服务工作的实际。本课程训练站在银行大堂经理这个职业岗位的角度去规划学生的工作训练内容，帮助学生更好理解这个工作岗位的丰富内含，帮助学生胜任这份工作的职业要求。

　　本课程训练是对银行大堂经理服务课程提供的专业训练书籍，与《银行大堂经理服务》教材配套使用，帮助学生更加系统、更加全面、更加深入地学习并体会《银行大堂经理服务》各个学习单元的内容，同时也更加生动地展示了银行大堂经理服务工作的方方面面。本课程训练有助于课程教师更好地规划教学内容，让学生的学习活动更加生动有趣。

作者

2021 年 12 月 5 日

目 录

第一部分 1
认识银行大堂经理的工作性质

第二部分 23
银行大堂经理的营业准备

第三部分 38
银行大堂经理的客户现场管理

第四部分 64
银行大堂经理的产品营销服务

第五部分 83
银行大堂经理的客户维护

第一部分
1 认识银行大堂经理的工作性质

一、阅读写感受（请你阅读下面文字后，写出自己对银行大堂经理工作性质的理解和认识）

1. 银行大堂经理是客户走进银行后接触到的第一个服务岗位，直接决定了客户对一家银行的第一印象。银行大堂经理的工作既简单也有难度。

说银行大堂经理的工作十分简单，是说其每天的基本工作内容及程序是基本不变的：每天早晨7点50分，银行大堂经理会准时到达营业网点，检查营业环境和现金柜台是否干净整洁，然后主持或参与晨会，晨会结束后打开自助设备并检查是否可以正常使用。一切准备工作就绪后，银行网点开门营业。接下来的时间一直到下午5点，银行大堂经理始终会处在引导分流客户、处理厅堂业务的忙碌过程中。当然，为客户推荐最适宜的理财产品也是银行大堂经理给予关注的重点。下午5点送走最后一位客户后，打扫卫生，开夕会。这就是大堂经理简单的一天。

说银行大堂经理的工作有难度，是说银行大堂经理的工作是一个综合性的岗位。一是银行大堂经理所面对的客户群体的复杂性。在网点办业务的客户身份复杂，他们的文化程度参差不齐，文明意识也有差异，甚至会出现在营业场所吸烟乃至吐痰的不文明现象。这些都需要大堂经理来及时提醒并制止他们的这些行为，以保持大厅环境的卫生。二是大堂经理要学会对客户进行分流。诸如引导小额存取款客户去自助存取款机上办理业务，以减少柜面的压力，同时，也为客户节省了时间。三是银行大堂经理要和客户进行有效的沟通。客户群体的复杂性决定了大堂经理的沟通方式要灵活多变，尤其是面对中老年人的时候，方言更合适与他们沟通，而且声音要合适。一定要记住微笑服务，不能因为形不成有效沟通而嫌弃客户。四是银行大堂经理要与柜面人员保持有效沟通。在为客户填写完业务单据之后，因为有些客户的表达能力不强，所以，这时候就要求大堂经理把单据整理好，然后把客户要办理的业务告诉柜面人员，以免出现不必要的误会。

2. 银行大堂经理这个岗位要求其熟悉银行的各项业务，能回答客户的各种问题，从而为客户进行有效的指引。银行大堂经理能够敏锐地抓住各种细节，才能为客户提供准确、迅速且周到的服务。银行大堂经理是否有温暖可亲的服务态度、扎实的业务知识，也直接影响了客户对银行的看法。由于银行大堂经理要负责的事情有时涉及多个工作岗位，要正确处理各项事情的有序办理需要其有良好的协调能力。同时，银行大堂经理是一个银行的门面，代表着银行的形象，银行大堂经理要时刻注意自己的言行举止，努力维护银行的形象。

以下是一个银行大堂经理的工作经验：

做好工作笔记。做笔记是我养成的习惯，不管在工作中还是在生活上，我都会把自己认为重要的事情写下来用来提醒自己。在开始接触大堂经理工作的这两个月中，我认为做笔记是一件非常重要的事情。刚做大堂经理的时候，我就会在填写一个新的业务申请单之后，把办理此项业务所需要的所有单据以及如何填写都写下来并在帮助客户填写单子的时候对照，以免填写错误或者遗漏而引起客户不必要的等待时间。这个习惯也让我可以更快地学习熟悉自己所要掌握的业务知识。做笔记让我可以更清楚地记下客户的信息以及他们的需求。在我行"月月盈"第五期理财产品即将出售的时候，我重点对理财产品进行推荐。所以，我会在为那些超过五万元的存款客户以及有可能购买理财产品的客户填写单据的时候进行推荐，或者在客户咨询存款利率的时候进行推荐。我会把有意向购买理财产品的客户的联系方式，在征得他们同意之后记下来，同时，我也会询问他们更容易接受的联系方式，是否可以直接打电话还是给他们发信息，另外我也会在征得客户的同意之后，加他们的微信以便更方便地联系。通过这样的方式，我开始了理财产品的销售工作，而且很幸运的是有了两个客户，建立并保持了微信的联系。每天我会翻看近几天的笔记本，查看是否有遗漏的事情没有为客户办理。我认为，不管是在大堂经理这个岗位还是在其他的岗位，养成做笔记的习惯有助于我们更好地完成工作，减少遗漏事项，对照标准来做从而可以减少出错。

准备个老花镜。我们网点服务的对象有一大部分都是中老年人，很多老人眼花，看东西模糊不清。因为一直以来都是我在帮他们填写业务申请单，因而未用心准备老花镜。为老年客户准备眼镜让我更深刻地认识到了细节、细心的重要性。客户在我们银行办理业务，同时也会在其他的商业银行办理业务，"服务比三家"是普通百姓在生活中养成的习惯。客户在不同的银行办理业务同样也会进行服务水平比较。在大厅办理业务时，总会听到客户抱怨某家银行的服务或者夸赞某家银行的服务。这些客户的语言会影响身边的人，从而会为我们带来潜在客户或者让我们的客户悄然流失。在放置老花镜的最初几天内，我时常遇到老年客户随手戴上眼镜来仔细端详自己所填写的单证，或者是端详银行设备打印的单证信息，后来听到我们周围几家银行也学着我们的样子提供老花镜服务。我更明白了，老花镜虽是个小物件，但让客户们能看得更清楚，也更进一步彰显了银行细节决定成败的形象，是一种贴心的服务。老花镜的事告诉我，要充分考虑客户的具体需求，满足客户的需求。从服务营销的角度来看，既能彰显银行的形象，也能维持好客户的好感度，从而为自己赢来更多的客户。

学会帮助弱者。九月初的一天，我在网点当班时碰到了两位让人印象深刻的老人。后来隔一段时间就会见到他们，我了解到他们是家住附近的拆迁户，这两位老人是来取拆迁补贴款的。之所以让人印象深刻，是因为其中的一位老人是盲人，另一位老人的听力很弱，和他说话几乎是高喊着。但两位老人都很乐观，互相帮助的同时，也互相调侃着对方。我们为他们办完业务之后两位老人表达了他们的谢意。但我想，两位老人来办理业务要跑一段路，很辛苦。在网点这两个多月时间里碰到了不少的特殊群体，这些人让我充满同情，也更让我内心深处萌生出想要帮助他们的动力。记得入行培训的时候，老师拿来分享的一个案例就是某家国内著名银行网点前几年要求一个病人必须亲自来柜面办理业务，结果客户只得躺在担架上被抬进了银行的网点，这个事情对这家银行的影响一直很坏。我在入职的前两个月里，服务过程中尽可能地为客户提供一些方便。我看到针对一些特殊客户是可以办理上门服务的，所以，我在想我们能否为那些确实有困难的老人或者病人提供上门服务呢？我也想到这样一种服务，需要投入的人力和物力要很多，而且目前各个网点柜面上的人员本来就很紧张，实现起来很困难，但是，我认为这也是一种提高我们银行形象的方法。

3. 信誉和形象是一家银行最大的财富。10月4日，还在十一国庆期间，我在银行大堂当值。网点里迎来了一位姓赵的老奶奶来办理存单取现业务，但是赵奶奶的存单是用旧的身份证开的户，新身份证与老身份证的出生日期不对应，因而无法办理存单取现业务。正常情况下，要去赵奶奶户籍所在地开取证明，但这位赵奶奶家在东北，而且好几年不回去了。所以按照正常手续是很麻烦的，但再到下个到期日取现会比较方便，从而免去东北开证明的麻烦。当时，我留下了她的电话，并经过会计同意，过几天为她回电话，告诉她如何更方便地办理。所以，我就在10月14日，又给这位赵奶奶做了电话回访，并进行了解释，赵奶奶也比较理解。通过这样一件事情，我想说，回访的重要性，答应了客户要回访，就一定要按照约定的时间进行回访，以表达对客户的重视，也彰显了银行的良好形象。虽然目前赵奶奶还没有办完取现手续，但是，她表达了对我们工作的理解。

4. 在网点实习期间，我是一位非常勤快的实习生。只要看到大厅里面客户不多，就主动拿起拖把打扫地面。我在打扫客户休息区时总是提前轻声跟客户说一声"您好！麻烦您抬下脚！谢谢！"。代班师傅认为我尊重客户，有礼貌。那些坐着的客户都是主动抬起脚，而且还冲着我微笑呢。师傅告诉我礼貌是最基本的待客要求，是对客户的基本尊重。师傅嘱咐我好的服务会体现在细节的差别上面。我清楚网点附近的道路正在施工，不少客户都是脚上带着泥巴走进网点来办业务。我在门口放置了脚垫，而且对厅堂的卫生精益求精，地面拖一遍可以算基本干净、拖上两遍就要比第一遍更整洁。我这些天来思考了这么多事情，竟是因为打扫卫生、维持大厅整洁而带来的。其实，大厅来来往往办理业务的客户有很多，脚上总会有灰尘落下，即使每天在客户少的时候把卫生扫一遍、拖两遍也可能还是挡不住大厅的灰尘。为了保持大厅的卫生，我会在每天下班时候拖两遍，第二天早晨起来清扫一遍前一天拖地留下的痕迹，中午用吸尘器清理一遍灰尘，这样可以保持大厅卫生基本整洁。另外，在每天空闲的时候，就要去清理一下脏的地方。

5. 银行网点工作人员班后学习、培训、加班加点是家常便饭，每每营业厅因检修设备、节假日加班、或者改造等情况需要安排人员值班时，大堂经理张宇来总是第一个说"我来值班，你们的孩子都小，早点回家吧！"网点里大家都称呼其"张哥"，其实张宇来已经50多岁了。在一个电闪雷鸣的午间，倾盆大雨如约而至，突然一个身穿橘黄色衣服的大姐蜷缩在网点门口角落的画面闯入张哥的眼里。她是这条路上的环卫工，直觉告诉老张她今天有点不对劲，老张赶忙上前询问，果然环卫大姐由于感冒未好，再次淋雨后身体冷得直打哆嗦。张哥立即将环卫工搀扶进入营业厅客户等候椅上休息，并沏了一壶热茶让她趁热喝下，随即拨打了环卫大姐家属的电话，叮嘱一定要带一套干净的衣服前来替换。网点里面年轻人有些不解，跟张哥说这不是我们的客户呀，无须提供这么细致、周到的服务！让她在网点里面休息一下就可以了。一位年轻的柜员还调侃着问张哥"你是不是爱上她了？"张哥一脸严肃地讲"服务客户既然是我们的宗旨，就不能狭隘地界定服务对象。"

6. "不合作"的客户几乎每家银行网点都会遇到,每位银行大堂经理都会被造访。凡事都要从另一个角度去考虑,那事情就好办多了!大厅里排队的人有想法,你需要以其他排队人的立场去劝慰习惯"加塞"的人,如果都不排队,那老人小孩怎么办?如果你在排队,我却不排队,你会怎么想……提现超额是个问题,但也可以变通一下,如果是在城区,可以要他多走几个网点。或者了解一下是否可以不使用现金方式,尽可能使用转账。服务流程,这个必须得走,原则上这样的投诉是无效的,只要当班人员做了解释,没有错误,这个问题是客户的素质问题了。记住,对于蛮横不讲理的客户,尽量不要在大厅内解决其问题,更不要与其争执。可以要求他们去办公室聊聊天,并主动沏杯茶缓解一下紧张的气氛。处在公众环境中的客户多数由于好面子,往往会在你处理问题时表现得"更横",因而隔离开来处理更妥。另外,找比你级别更高的网点领导来劝解,好面子的人多数会有所收敛,多数人就是这个样子,只要你给足了面子。在大厅里由于很多人会因为曾经的不满而在受到周围人的怂恿后,使问题扩大,因而隔离"闹事"的客户是银行大堂经理非常重要的举措。但客户行形色色,不是隔离的方法都适合所有的人,不是所有的人都适合隔离的方式,这个还得边学边做,边做边想。光是忍绝对是错误,但不忍更是错误,还是要能说会道的好,说话有分寸,但要有力量。不让别人看低你,但也不要让人感到傲慢。不是所有的人都会满意你的笑脸,也不是所有的人都可以接受你的冷淡。

7. 秋日的一天,一位衣衫褴褛的老人家迈着蹒跚的步伐来到网点的营业厅。她拄着一根拐杖,已入秋可是她还是穿着单薄的衬衣,脸上布满了皱纹。一进来在她身边等候的客户就纷纷走开。大堂经理小张便过去询问她需要办理什么业务,这才闻到她身上有一股臭味,想必是许久没有一个舒适的住处,才如此邋遢。老人家告诉小张她有一张破了的百元纸钞,想要兑换成新的。老人家还说她身边没有亲人,这百元钱还是别人送给她的,她想着用来买点吃的。接过老人家手里的钱,钱已经破烂了,颜色也泛着白。大堂经理小张便让柜台的同事出来看看这个钱能不能换,同事出来看过后便说这个钱是假币,得没收。小张俯身低声告诉老人后,老人家显得特别失望,问我别的银行能够给她兑换吗?小张慢慢地跟老人家解释这个钱是假币,不管去哪个银行都是不能兑换的,现在只能按照规定没收了事。小张让老人家在旁边座椅休息了下,给她倒了一杯热水。老人家嘴里叨念着"既然给了为什么还要给假币呢?"听着老人家失望的叹气声,让人倍感可怜。在和老人家的沟通中小张才知道，老人无儿无女，一个人靠拾破烂和乞讨为生，这100元是乞讨中一个年轻人给她的，她非常的珍惜，但谁知道却是一张假币哪，本以为本周的伙食有着落。老人家稍坐片刻便起身要走，走的时候握着小张的手一直说"我已经80了，可怜啊！小妹谢谢你啊！"说罢便迈着已经不灵活的步子走了。小张目送着老人离开，眼睛里噙满了泪水。

8. 四月的一天下午，大堂经理柳絮在分流引导客户的时候突然发现了一部手机躺在填单台上，观察它的外观后，小柳判断这不是同事的手机，肯定是哪位客户忘在这里了。小柳迅速回想刚才这段时间里办理业务的客户，记得有一位女士要无卡存款，小柳在填单台指导她填写单据的时候，似曾看见过这部手机。于是，小柳拿起手机环视整个大堂，却找不到那位女士。这时，小柳看到大门外一个正在打计程车的身影，小柳连忙冲了出去，跟着刚起步的车子跑了几步："请稍等一下！"，看到小柳摇晃着的手臂，客户这才意识到自己把手机忘在银行了。车子停下了，核对信息后，小柳将手机送还到这位客户手上。客户非常激动，向小柳诉说她接下来要去办理很要紧的事情，要是过后才发现手机不见了，那可就要误大事了，并连夸小柳的服务真的是无微不至，让人感动！小柳很开心能为这位客户做了力所能及的事情，并告诉客户："这是应该做的！您还有要紧的事，快去办吧，祝您顺利！"客户带着感激走了，小柳也带着愉快的心情回到岗位上，继续为其他客户服务。两天后的晨会上，在同事们的掌声中，小柳才知道那位忙碌的女士给银行客服致电表扬了自己。

9. "姑娘,我想取1万块钱。"周日早晨,银行大堂经理汤红敏正埋头翻看客户留言,听到问话抬头,一位白发苍苍的太婆佝偻着身子走了进来。她赶忙迎上去,搀扶着老人办完了所有业务。"这是哪?我怎么回去?"送太婆离开时,难题出现了。"您家住哪啊?""我不记得了哩。"老人姓杨,80多岁,子女不在身边,今早是坐邻居的顺风车来到的网点。接过老人的身份证,地址写着孝南区槐荫办事处东西杨村。汤红敏很熟悉这个地址,这里正在进行棚户区改造,村民都搬迁到别处了。想不起住哪,也记不住亲戚朋友的电话;历史档案太久远,地址没有更新……看着太婆迷茫的神情,汤红敏犯了难。这时,另一位大堂经理张晨凑过来,瞅了一眼身份证说:"东西杨村?我有客户是那儿的。"汤红敏紧锁的眉头一下子舒展开来,"打电话问问,看有没有认识婆婆的。"张晨停下手里的活,给客户打起电话来。"问到了!原来东西杨村的村民都搬到春尚小区了,婆婆家也在那。"挂断电话,张晨忙高声冲着小汤说道。"对对,就是春尚小区,瞧我这记性!"婆婆咧开了嘴角,拍着巴掌笑道。地址问到了,汤红敏不放心老人独自离开。张晨便"主动请缨",拦了辆的士,搀扶着老人一起坐了上去。"一定要把老人送到家!"

10. 有人讲,工作在第一线的银行大堂经理,他们的言行举止代表着银行的形象,会给客户留下最深刻的印象。10号上午,一名客户在平原路支行熙熙攘攘的大厅里走到服务台,大堂经理杨盼盼马上亲切地向他询问办理什么业务,客户说家里急等着用钱,要把10万元的定期存单中的钱全都取出来,也就是提前支取。杨盼盼发现客户的定期存款距离到期只有一个月了,于是细心提醒:"先生,您的存款还没到期,现在全额取款会损失不少利息的,您确定要取吗"?老人说家里急用两万元钱,没办法!杨盼盼再次提醒客户:"您可以提两万元,剩下的等到期后再取走,这样可以减少损失。"客户兴奋地几乎大声嚷嚷起来:"姑娘,还能这样取?真是太感谢你的提醒了!"业务处理完毕后,老人又来到小杨的服务台大声说到:"你们银行的服务就是好,每次来你们银行办业务感觉很踏实。"

11. 一天早晨，大堂经理瑞紫薇像往常一样开始了一天忙碌的工作，这时服务台前来了一位中年女客户，她怒气冲冲地拿出一张假币收缴凭证大声嚷嚷着："昨天在你们行的自助取款机上取了3000元钱，今天拿到建设银行去存，建行的工作人员说里面有一张是假币，把我的钱没收了。"正值上班高峰期，客户的情绪有点激动，说话的声音非常大，吐沫星子溅了小瑞满脸都是，还引起了周围客户的围观。小瑞担心影响到大厅里办理业务的正常秩序，使银行的形象信誉受到损失，尽管觉得心里很委屈，但小瑞还是耐心微笑着对客户说到："女士，您别着急，先坐下来喝口水，我看看有什么可以帮到您的？您刚才的意思我明白了，是这样的，我们银行加到自助设备机具的钱都是要经过双人验钞复点，所有的钱都是监控底下完成的，您想想您是不是把取出来的钱和其他的钱混在一起了"。客户完全不听解释，气愤地大声说到："我不管，您们今天一定要给我个说法，我的钱就这样没了，你们要给我赔偿！"见她情绪特别激动，小瑞立刻放缓语气轻声说："您别急，我们一定会帮您查清楚的，人民银行有规定，现在所有从银行取出去钱都可以查询到冠字号的，我现在用您被没收的那张假币的冠字号查询一下就知道这张钱是不是从我们银行取出去的了。"说完，小瑞马上安排柜员为客户查询了冠字号，结果显示这张假币确实不是从本行取出去的。小瑞对客户说："女士，您看，这是我们查询的结果，我们加钞的数据里确实没有这张假币的记录，您回想一下是不是有什么地方搞错了。"此时客户似乎想起了什么，情绪也没有刚才那么激动了，她对小瑞开始自责起来："刚才不好意思，是我太冲动，我想起来了，是我搞错了，跟你们银行没有关系，你的服务真好。不仅没有不耐烦，还这么细心地帮助我，真是太谢谢你了。以后我要把钱都存在你们银行。"看着客户终于露出了笑脸，小瑞由衷地感到所有的付出都是值得的，能得到客户的认可是给予自己最大的肯定。这位客户现在已成为支行的贵宾级客户，还成了小瑞男朋友的介绍人。

12. 初夏的一天，临近网点关门的时刻，一名女士提着一个大袋子冲进了宏力大道支行的营业大厅，气喘吁吁地说："我要存钱，我要存钱！"而就在此刻，押运款车也来到了门外。大堂经理小宋立即上前询问客户存款的金额："女士，您要存多少钱呢？""40万，还房贷，赶紧给我存一下吧。"小宋看看时间，赶紧联系主管安排柜台进行清点，同时和押运队长进行沟通，争取来10分钟的时间。女士看到这一切后，不停地说着客气话："真是不好意思啊，给你们添麻烦了。"数分钟后，柜台工作人员把钱存进了客户卡里并还清了贷款，10

分钟后顺利交接了款箱。看到客户离开网点时露出的满意笑脸，小宋感觉到自己今天的表现真是"满分"的水平。

13. 如果客户找到你把你当成救命稻草，来向你反映网点工作人员某某存在什么问题，不要急于去辩解什么，无论谁对谁错，这本身并不重要。银行不是法庭，就算你驳倒了客户也许带来的是更糟的结果。首先要真诚地向客户道歉，因为客户认为你代表着银行，你首先要取得客户对你的好感，这样才可能很好地进行以下的沟通。其次，要弄清楚客户的需求是什么，要尽快帮客户解决他的问题，如果这个问题的确与制度冲突，要耐心地聆听客户为什么如此的为难，要给他发泄的渠道，不要插嘴。有些客户并不是真的就要逆着银行的制度办事，他需要的是一种宣泄，也可能他是在其他方面生气来到你这发泄，而我们要想解决问题能做的就是一种理解。你可能觉得做到这一点太委屈也太难，的确，这就需要一个良好的心态。这是你的工作，不要对某个客户一直耿耿于怀，过去的就当作自己工作中的一次经历，仅此而已。

客户无论怎样态度不好，作为银行大堂经理的自己态度一定要好，这是重中之重，也是摘除自己责任的最基本原则。有时客户并不是冲你来的，但你态度恶劣与客户辩驳，他的矛头很可能指向了你，大堂经理保护好自己十分重要。

无论上班时遇到什么样的客户，下了班，就全都忘了吧，或者当作笑谈和朋友调侃一下，记住的是经验，但不要对这样的不愉快念念不忘。

14. 一位怒气冲冲的客户在大厅里面大声叫喊着，银行大堂经理微笑着迎了上去，结果被问："你在笑什么，有什么可笑的？"大堂经理的回答很机智，也很巧妙："微笑服务是我们的基本服务准则。"尴尬的气氛很快的被化解了，气氛也由当时的凝重转变为轻松。当银行大堂经理真诚的为客户遇到的难题着急，真诚的去帮助客户解决问题的时候，大多数客户的怒气都会烟消云散的。微笑不仅可以缩短人与人之间的距离，而且是化解矛盾最有利的武器。真诚是可以传递的，只要大堂经理真诚的对待客户，客户也同样会感受到银行大堂经理的真诚。

15. 小樊是新洲农商银行杨镇支行的一名大堂经理。早上 8 点，她已经准时来到支行网点。换上干净整洁的工装，与员工们一起做早操。10 分钟之后她又麻利地拿起清洁工具，取款机、营业大厅、落地玻璃门、绿色植物叶面等一处不落地帮助保洁员清洁。20 分钟后，整个营业大厅打扫后处处窗明几净。小樊又上上下下、里里外外打量了一番，发现落地玻璃窗还有一处污点。她搬来一张凳子，踩上去，对着污点处深深哈了一口气，再使劲擦。如此反复几次，这块顽固的污渍终于被消灭了。跳下凳子，再仔仔细细打量一番，小樊露出了满意的笑容。

8 点 40 分，网点晨会。小樊同样列队其中，"您好！您这边请！请稍等！……您慢走！"谦和的问候，娴雅的微笑，得体的言语，一整套服务动作、服务用语演绎下来，小樊的语言、手势、站姿与所有员工正确无异。

9 点，网点开门，小樊进入了自己的角色，站立在营业大厅的服务台前区域，双手交握胸前，礼貌地等待客户进入。每一位客户进门时，小樊总会微笑着面对客户主动打着招呼。"您好，请问您办理什么业务？"发现有新的客户进入营业大厅，小樊会立即迎上前去主动提示客户："您这边走！""您的卡请提供给我，我帮您取个号，您先坐这儿等一会儿。"嘴甜手勤，是几乎所有客户对小樊的评价。

入职近两个月来，服务标准和流程已经烂熟于心，小樊记住了网点能办理的各个业务品种。除了有序接待、分流客户，她对银行卡、网银、手机银行、理财等金融产品推介、操作演练也已得心应手了。顺眼望去，小樊时而巡视等候区，为客户递上一份时尚杂志或是一张产品宣传折页。在招呼其他客户的同时，不忘用余光留意客户对产品宣传资料感兴趣的程度。"全免费啊！"一声提高嗓门的"全免费"惹得其他在等候区等待服务的客户都凑上前来询问究竟。瞬间，填单台前又多了几个预备开卡的客户。因为谙熟营销技巧和心理，小樊已将营销角色演绎得得心应手。其实，为了能熟练地进行营销推介，小樊平常可下了不少功夫。她兜里正常揣着一个小记录本，上面记着各类金融产品的优势、收费标准以及操作流程，一有闲暇，她就会拿着看看、背背，有时还要向有经验的同事请教，利用闲暇学习相关业务知识。

11点钟一过，大厅里的人渐渐少了，这时的小樊可并没有闲下来。自助服务区ATM机前又出现了她的身影。"大爷，您可不能将密码纸和卡放在一起啊……"一边指导老大爷用卡，一边她又在进行风险提示。在小樊的指导下，70多岁的李大爷顺利地将密码改好。将卡放进贴身的裤袋里，李大爷嘴里不住地讲："好闺女，谢谢你！这下子老头子我也会用机器取款了！"

17点40分，一天的工作结束了。服务台前，小樊从裤兜里掏出个小本子，翻看一天随时记录下的问题及建议。歪着头想想，她拿起笔又在小本本上加了几行字，而后再仔细翻看了一遍。小樊主动走进网点主任办公室与不断关注自己成长的老主任谈起一天的工作心得。"主任，客户少的时候，我们完全可以直接引导人家到有闲暇的柜员窗口，这样可以省去叫号时间。"善于观察、爱动脑的小樊好点子直冒："主任，赶紧在醒目位置贴个友情提醒吧！使用自动存取款机可以参加抽奖，大部分客户都不太留意的。"

集体的利益永远放在第一位，在小樊的感召下，一天8个小时，网点的员工始终是在其快乐心情的感召下，热情而快乐忙碌着……

二、辨析问题提建议（指出下面对认识银行大堂经理工作性质存在的主要问题，同时给出具体的改进建议）

1. 大堂经理小张正在大厅里巡视，发现一位女客户急匆匆走进网点，一边掏出手机讲着什么，一边咨询小张办理转账汇款业务的手续。仔细一问，原来是客户收到了所谓退购车税的短信，对方要求按照提供的链接先汇2000元钱手续费到对方账户上面。小张分析，该客户可能遇到了诈骗。小张好言提醒客户，但客户用怀疑的眼光注视着她，仍执意要汇款，仿佛银行堵了她的财路。小张把此类事件的分析告知客户：这种短信多以普通手机形式发送，并不是专业机构的名义来发送，本身就是问题。客户听了半信半疑。她建议客户问清楚再说。不一会,对方第二次打来电话。结果,对方一听客户心生疑虑,话说到一半就挂断了。客户心有余悸离开了网点。

2. 下午 2 点多钟正是网点最忙的时候,客户李女士因刷卡积分换礼品问题,与柜员发生争执。无论柜员如何解释,生性急躁的李女士就是听不进去,并在营业厅大声嚷嚷着自己的委屈:"你们银行就会骗人,积 10000 分才换个不值钱的杯子。"柜员连忙解释着:"阿姨,我们没有骗您。本行就这么规定的!"李女士一听,更是火冒三丈:"你们就会骗人,大家来评评理,都不要把钱存在这里。"这时,柜员们都被李女士的大声指责吓得谁也不敢说话,都"一言不语"低头处理着自己手中的业务。李女士见没有人给其解决问题,愈加火冒三丈,直接奔向服务台瞪着眼睛要和大堂经理"掰扯掰扯"。前来办业务的客户对营业厅的秩序顿生愤懑,营业厅的气氛嘈杂紧张。刚刚上岗不久的大堂经理恨不得有个地缝赶紧钻进去了事。

3. 王先生上班时丢了钱包,包内有本行的银行卡。电话挂失后,下午他急急忙忙就近来到银行营业厅办理有关手续。"姑娘,我的银行卡丢了怎么办?""噢,按银行规定,您先挂失,再凭身份证补办原卡。""我已经电话挂失过了,不过我想这张卡平时不用,直接消卡算了。""是要销户吗?销户要先补办手续后才能办理,请您支付 10 元补卡手续费。"王先生一听,顿时声音大了起来:"这太不合理了吧!"大堂经理见状赶紧走了过来,俯身对着柜员说:"你搞错了!规定改了,现在可以直接办理销户了!"柜员茫然:"规定是不能直接销户的呀!"大堂经理有些急了:"我拿文件给你看。"站在柜台外的高先生冲着柜员喊起来:"你们是不是有机会就乱收费啊!"

4. 小王是新上岗的网点大堂经理,正好赶上银行的智能网点建设改造项目竣工。年轻人学习新技术掌握新技术就是快,两个星期过去后,小王已经能够熟练使用大厅里面安装的这些新设备了。这天,网点里来了个兑换日元的小伙子,小王指导这位小伙子使用智能设备兑换日元。屏幕出现了兑换日元金额的界面,可是这位小伙子输了几次都没有成功。小王着急了,直接上手操作输了个两万日元并按下了"确认"按钮。年轻的客户不干了,"我要兑换的是两千日元,你得给我改过来!"站在不远处的网点负责人赶紧走过来好言相劝了半天,并从柜台里拿出礼品送给这位年轻的客户才算了事。网点负责人再三叮嘱小王:"千万不要自己代替客户操作!咱们行规定使用教鞭。"

次日一早,网点里走进了一位70多岁的老者,须要使用智能设备购买基金产品。小王拿着教鞭敲击着综合柜员机的屏幕,认真指导着这位老人一步步进行着操作。等老人按照要求操作完毕后,其转过身来话里有话对着小王说道:"今天在这里你给我上了一次课呀!"。小王听后很不是滋味。

5. 在网点里面,作为银行大堂经理的我每天都要面对至少上百位的客户。说句实在的话,来一位客户我就得说一次"您好!""再见!"且还一直微笑着,我觉得我做不到,只能尽量做而已,毕竟我还不想面部抽筋。至于自己是否板着脸跟客户在交流,我可真没注意过。忙都忙不过来了,谁还要去注意自己是否面带微笑哪?也许会被客户说你傻笑的!当然,如果网点每天只来10多个客户,那我还是可以面对客户微笑的?不过那种情况在我工作的网点实属罕见的!

6. 在谈到本网点的大堂经理吴春望的时候,网点里的人无不竖起大拇指,说他身上有股冲劲和韧劲,不少员工称他"好兄长"。好成绩的取得是勤奋的积累,荣誉的背后是汗水的沏浸。老吴凭着对事业的满腔热情和永不言败的精神,使所在支行业绩始终保持着全省银行第一的位置。某股份公司新上一个生产项目,需要数目巨大的项目贷款,各家银行闻讯后纷至沓来,各显神通展开强力攻势营销。作为网点的公关老手,老吴自然也不敢有丝毫懈怠,他和业务经理每天坚持到该公司"上班",与业务人员沟通,向企业老总介绍本行的产品优势,历时数月奔波劳累,最终凭借对工作的那股冲劲和韧劲打动了客户,硬是从强手如林的竞争中将项目贷款全额拉到本行账下。

7. 作为一名大堂经理,小张每天迎来送往着一位又一位客户,平凡而又琐碎,但小张总是嘱咐自己学会用不同的沟通方式,笑脸相迎形形色色,不同素质的客户。某日,有一位白发苍苍腰板挺直的老人,来网点声称办理存款业务,他从所带的塑料袋中拿出厚厚一叠面额大小不一的现金。小张联系柜员清点着"面目全非"的现款,柜台外的老人则显得有些拘谨和焦急。小张安慰着老人坐下的同时不断嘱咐其慢慢来,耐心讲解和指导着老人填单签字。办完业务后,老人竟然起身向小张敬了一个漂亮的军礼。那一刻,小张突然明白了,这是一位不显山不露水的"真英雄"。

8. 忠诚于自己的工作是一种职业生存方式,敬业才是最完美的工作态度。大堂经理作为一线员工,做好了服务就是做到了敬业。工作中一定要有良好的服务心态,不要认为为客户服务是一件低下的事。银行大堂经理首先自己要快乐和阳光,并将快乐和阳光传递给自己的客户;其次要揣摩服务,用心用智用情去服务。重要的是学会感恩,对客户心存感激之情,对企业心存感激之情,对生活心存感激之情。有了良好的服务心态,大堂经理才会有完美的工作态度。对待客户主动热情、细致周到、恪守规范,自然都是水到渠成的事。当客户来到网点办理具体业务的时候,大堂经理不仅要做到文明有礼,更要想办法缩短客户等候的时间,提升客户对银行业务水平的信任。当客户希望大堂经理为他们提供理财建议时,大堂经理应该能根据客户的实际需求及其经济实力,给予充分、透彻的建议,让客户感受到大堂经理的专业素质和尊重。即使最简单的服务项目,大堂经理也该提升到满意、超值甚至难忘的程度。

9. 银行大堂经理的工作简单而平凡。一天,小刘遇到一位五、六十岁的老大娘,东张西望地来到服务台前，用问询的目光注视着大堂经理小刘。小刘赶紧微笑着向大娘问道到："您好，请问您要办理什么业务？"大娘小声说："你们这里有没有高利息的存款？"小刘连忙向她介绍了本行新推出的汇得利产品，详细准确比较了汇得利产品与普通存款间的利息差距。小刘耐心地解答完老人提出的问题后，那位大娘却说了一句："姑娘，我就是随便问一问，不急于存款！"听了这话，小刘很失望，扭过脸赶紧指导其他客户准备业务手续。老人离开时特意和小刘打了招呼，小刘同大娘说了句"欢迎您再来"的话语，就去忙别的事了。过了几个小时，老大娘又回来了，这次她拿了张他行的存单，让小刘陪她到这家银行去取款，并最终选择了汇得利业务。大娘高兴地说："还是你们服务态度好，我愿意到你们银行来存钱。"

10. 大堂经理见客户走进营业大厅，起身问候："大妈，您好，请问您办理什么业务？"客户小声应和着："听说央行又降息了？我来咨询一下。"大堂经理的回答证实了这一点："是的，但我们行的利率与其他行相比还是有一定的优势，您最近有存款到期吗？"客户点了点头，"嗯，有。"大堂经理给客户算起了账："按照现在不断下行的利率趋势，如果有存款到期需要转存的话，建议您可以选择定期一年。目前我行定期存款利率为2.275%，在央行基准利率基础上上浮了30%，在同业中也是比较高的。"客户有些不解："你就说说，在你们行存一万元的定期比其他行要多多少钱吧？"大堂经理则回应说："那您要先告诉我您在哪个行存款有多少钱要到期吧？"客户讲："我在对面银行明天有10万元到期。"大堂经理回答："噢，我知道他们行定期一年利率是2.06%，如果以10万元来说，在我行存一年比在对面银行多75元。""两年期本行利率是3.055%，对面银行是2.945%，存两年就多220元。"客户有些疑惑："我这个钱可能不能存太长时间，因为我儿子去年在外地已经大学毕业了，近期有可能要买房。所以，我现在真不的知道这个钱该怎么存？唉……""噢，这样？"大堂经理顺手在手机端翻看着，接着说道："我可以向您介绍一款我们行的储蓄创新产品，它是一款智能靠档计息产品，期限三年，起存金额一万元。"见客户不太明白。大堂经理解释道："如果您的10万元存了11个月，有急事想支取的时候，除了本金10万以外，您可以拿到 $2.275\%/12 \times 11 \times 100000 = 2085.42$ 元的利息，如果您在我行存的是普通定期满一年的话，您能拿到 $2.275\%/12 \times 12 \times 100000 = 2275$ 元的利息，并不发生实际活期存款算法下的利息损失。当然，如果您在其他行存的话，相差就更大了。""这个产品确实是既方便支取，又能保证收益。等您的存款到期后就来找我办一个吧?"客户回应着大堂经理："没问题!"说完便匆匆离开了大厅。

三、选择正确答案（请将正确答案的序号填入下列题干后面的括号内）

1. 银行大堂经理是指在银行网点设立的（   ）专职人员。
   A. 从事客户识别和推荐　　　　　B. 客户引导和分流
   C. 客户服务与指导咨询　　　　　D. 网点设备维护
   E. 客户异议处理

2. 银行网点的外部环境管理主要包括（   ）重要内容。
   A. 每日开门营业前检查便民设施的配备及其管理是否完善，是否起到树立良好形象的作用
   B. 客流高峰期做好客流指挥、秩序维护、指示标牌收放工作
   C. 对银行网点门头、门外、墙体、绿化区域的管理巡视
   D. 客户休息区域的管理

3. 银行大堂经理要根据（   ）及时将客户分流、引导至网点相应的服务区。
   A. 客户类别和业务需要　　　　　B. 客户需要和业务需要
   C. 客户类别和业务种类　　　　　D. 客户需要和业务种类

4. 对识别出来而又（   ）接受银行服务的优质客户，大堂经理应在询问客户基本信息和需求后填写"客户推荐表"。
   A. 不愿　　　　　　　　　　　　B. 已经
   C. 当日因故不能　　　　　　　　D. 愿意

5. 下列工作选项中，属于银行大堂经理每日营业结束后的工作内容是（   ）。
   A. 网点大堂设备巡检　　　　　　B. 处理客户理财产品购置信息
   C. 处理客户异议投诉　　　　　　D. 登记银行大堂经理工作日志

6. 银行大堂经理在营业前梳理的工作事项重点，不包括下列工作项目中的（   ）。
   A. 准备好当日营业办公用品　　　B. 确认客户当天预约信息
   C. 预计当日业务高峰情况　　　　D. 了解当日营销重点产品

7. 银行大堂经理在进行客户业务分流和引导的过程中，要面带微笑问候来到银行网点的（　　）。
   A. 贵宾客户　　　　　　　　　　　B. 重要客户
   C. 老龄客户　　　　　　　　　　　D. 每位客户
8. 对持有银行贵宾卡的贵宾客户，大堂经理要引导其至贵宾服务区，以使贵宾客户享受到（　　）服务。
   A. 业务优先办理　　　　　　　　　B. 高品质
   C. 舒适温馨　　　　　　　　　　　D. 高回报
9. 银行网点业务分流流程的负责人是（　　）。
   A. 会计主管　　　　　　　　　　　B. 大堂经理、会计主管、客户经理都行
   C. 网点负责人　　　　　　　　　　D. 大堂经理
10. 在银行营业网点里面，零售产品营销流程执行责任人是（　　）。
    A. 网点负责人　　　　　　　　　　B. 会计主管
    C. 大堂经理　　　　　　　　　　　D. 客户经理
11. 银行大堂经理须具备较强的（　　）。
    A. 观察能力　　　　　　　　　　　B. 应变能力
    C. 沟通能力　　　　　　　　　　　D. 组织协调能力
    E. 亲和力
12. 换位思考的能力，也就是银行大堂经理的（　　），是为客户提供优质服务的必要条件之一。
    A. 有形度　　　　　　　　　　　　B. 同理心
    C. 同情心　　　　　　　　　　　　D. 信任度
13. 银行大堂经理要对（　　）进行识别以提供相应的服务。
    A. 来到网点的客户　　　　　　　　B. 正在办理业务的客户
    C. 已办理业务的客户　　　　　　　D. 在等候区等候的客户
    E. 个人贵宾客户
14. 银行大堂经理为客户提供指导咨询时候，主要工作内容会涉及到（　　）。
    A. 了解客户的服务需求　　　　　　B. 收集客户有益的建议
    C. 宣传金融产品和服务　　　　　　D. 指导客户填写相关凭证
    E. 提示和指导客户使用自助机具
15. 维护网点营业环境和秩序时，银行大堂经理要密切关注（　　）。
    A. 柜面窗口动态　　　　　　　　　B. 客户长时间排队
    C. 宣传册页摆放　　　　　　　　　D. 柜员长时间离柜
    E. 柜员离柜未摆放指示牌
16. 对网点客户分流是银行大堂经理重要的岗位职责，下列有关对客户分流流程描述错误的是（　　）。
    A. 网点客户分流有第一次分流和第二次分流
    B. 第一次分流是指大堂经理在客户进入营业厅时通过询问客户需求，根据具体情

况对客户进行引导的服务

  C. 若客户未带必要证件，不能办理相关业务，大堂经理婉言谢绝客户并礼貌送别的服务不属于客户分流

  D. 第二次分流是指柜台前出现客户排队现象时，询问排队客户的需求，适时引导已排队客户采用其他途径办理业务

17. 营业大厅应重点摆放本行的产品及其服务宣传册页，大多数情形下本行的宣传册页应占网点码放宣传册页总数的（　　）。

  A. 2/3 以上   B. 1/3 以上

  C. 1/2 以上   D. 1/4 以上

18. （　　）是客户进行现金存取、部分非现金业务办理及零售产品销售区域。

  A. 封闭式柜台服务区   B. 咨询服务区

  C. 客户休息区   D. 自助服务区

19. 按照电话礼仪的要求，银行大堂经理在大厅内接听客户通电话时，下列（　　）是应当避免的。

  A. 哗哗的翻纸   B. 吃东西

  C. 回答身边同事的问题   D. 做电话记录

20. 按照服务规范，银行大堂经理在上班时间不得有如下举止（　　）。

  A. 吸烟   B. 吃食品

  C. 与同事耳语私谈客户   D. 与客户谈话

21. 下列有关银行大堂经理服务特征的描述中，其正确的有（　　）。

  A. 服务的生产、传递与消费同时发生

  B. 服务具有差异性

  C. 服务过程中，客户和银行以及客户和客户之间会相互影响

  D. 服务可储存形成库存

22. 优质服务中主张的差异服务体系包含了渠道差异服务及（　　）四个部分的重要内容。

  A. 质量差异服务   B. 人员差异服务

  C. 产品差异服务   D. 项目差异服务

23. 多数普通客户的服务渠道主要是（　　）。

  A. 自助设备服务区   B. 封闭式柜台服务区

  C. 开放式柜台服务区   D. 理财服务区

24. 银行大堂经理的责任感包含着四个方面的内涵。下列选项中属于大堂经理责任感内涵的是（　　）。

  A. 对服务工作不推诿   B. 对客户不抱怨

  C. 遇到误解不争辩   D. 不计较个人得失

  E. 对客户不讥讽

25. 建立良好的客户关系，银行大堂经理应注意并努力做到（　　）。

  A. 记住客户的姓氏并适当的称呼客户

B. 以恰当的词语与客户搭话、交谈、服务、道别
C. 注意与客户交流时的语气、语调
D. 注意面部表情的使用

26. 当客户有失误时，下列属于银行大堂经理应该选择的正确做法是（　　）。
   A. 直接对客户说"你搞错了"
   B. 用"我觉得这里存在误解"来间接地说明客户的错误
   C. 直接对客户说"这不是我的错"
   D. 对客户说："怎么搞的，重新填"

27. 在下面所列银行工作人员所展开的工作中，属于银行大堂经理实施的现场管理活动的有（　　）。
   A. 合理调配网点柜面人员劳动组合　　B. 对网点客户进行业务咨询和指导
   C. 监督网点服务柜面情况　　D. 监督网点服务设施设备运行情况
   E. 管理和及时更换网点的业务宣传资料

28. 网点贵宾区是中高端客户相对集中网点所设置的相对独立区域，是为贵宾客户提供绿色通道服务的专属区域，主要提供（　　）。
   A. 贵宾客户存款取款业务　　B. 贵宾客户理财咨询业务
   C. 理财产品推介销售服务　　D. 金融产品交易服务
   E. 贵宾客户转账汇款业务

29. 下列银行大堂经理的行为表现中，属于能够充分体现其责任感的工作行为是（　　）。
   A. 在住宅小区等待贵宾客户直至深夜以防客户失去购买大额理财产品的机会
   B. 面对老年客户不厌其烦且非常细致指导其进行金融产品交易操作
   C. 利用微信群进行合作商户农副产品推荐
   D. 对贵宾客户进行交易风险及时提醒

30. （　　）是对银行大堂经理最基本的要求。
   A. 微笑服务　　B. 灵活应对
   C. 沉稳干练　　D. 主动服务

四、判断对错（请将你认为正确的在下列题干后画"√"，错误的在下列题干后画"×"）

1. 服务是一个过程，客户是在一次次感受服务的过程中来积累满意度的。（　　）
2. 客户就是银行大堂经理每天要面对的"考官"。（　　）
3. 银行网点的内部环境管理主要是指大堂经理对视觉系统、功能分区、设施设备、宣传物品进行的全方位、规范化、制度化的管理。（　　）
4. 只要我们提供了优质服务，肯定能得到客户的真诚回报。（　　）
5. 懂得客户服务需求要求银行大堂经理的服务手段及服务方式能够根据客户的需求的不同或者改变而适时做出调整，具有一定的弹性。（　　）
6. 随着智能技术的发展，有效的智能设备及工具的使用，可以帮助银行大堂经理提供销售建议的高价值服务，同时根据客户数据的表现量身定做产品和服务。（　　）

7. 银行大堂经理的职业道德是指对同其服务活动紧密联系的符合职业特点所要求道德准则、道德情操及其人格品质的总和。（　　）

8. 银行大堂经理可能会准确认识客户的情绪、识别客户情绪所带来的信息，但未必能够准确调整自己面对客户的方式及要采取的方法。（　　）

9. 有条件的银行网点最好对普通客户和贵宾客户实行分区服务，以免由于普通客户的不理解产生不必要的纠纷。（　　）

10. 银行服务的对象是所有来到网点的客户，因而对于网点的客户都需要给予营销方面的关注。（　　）

五、解答问题（请从教材、专业书籍、网络相关内容的搜集整理后写出相关问答题的答案）

1. 银行大堂经理的工作内容是什么？

2. 银行大堂经理的工作要求是什么？

3. 银行大堂经理优质服务的内涵是什么？

4. 银行大堂经理须具备的四种能力是什么?

5. 银行大堂经理怎样理解和应对自己的情绪压力?

第二部分
银行大堂经理的营业准备

一、阅读写感受（请你阅读下面文字后，写出自己对银行大堂经理营业准备工作的理解和认识）

1. 银行大堂经理须注重自身仪容仪表。银行大堂经理工作是一个窗口工作，银行大堂经理要对自己的仪容仪表按照相关的岗位规范，自觉从严要求。要将这些方面的具体细节问题提升到个人与银行的整体形象的高度来认真地加以对待，要将它们与自己爱岗敬业的工作态度联系在一起来予以关注。

银行业是一个服务行业，银行大堂经理的工作宗旨就是服务客户，客户就是上帝。所有的银行工作人员一定要遵守文明礼貌的规定，热忱而主动地为客户服务。与客户打交道时，在严格执行本单位已有明文规定的文用语与服务忌语的基础上，对于客户所提出来的各种疑难问题，要认真聆听，而心解释，有问必答。为客户服务之时，态度必须主动、诚恳而热情。对待所有的客户，都要一视同仁。

摆正自身位置，真诚服务客人。银行大堂经理要摆正自己的位置，要始终记住自己是为顾客服务的。工作中有的时候难免会遇到与客户产生矛盾或者遇到难缠的客户，在此种情况下，对客户的尊重、对工作的负责，都要一如既往。对于矛盾，要力求妥善解决，不得敷衍了事。

得理之时，必须让人一步。失礼之时，必须主动致歉。银行大堂经理受到客户的表扬要谦虚，受到客户的批评要虚心，受到委屈要容忍。在任何情况下，都要自觉作到与客户不争不吵，始终笑脸相对，保持个人风度。

2. 孔子认为礼仪是一个人"修身养性持家立业治国平天下"的基础。礼的作用不可估量，礼仪比智慧和学识都重要。目前商业银行越来越多，面临着日趋激烈的竞争，能否在竞争中保持优势地位，独树一帜，不断发展壮大，作用因素固然很多，其中，良好的品牌形象无疑会起到非常重要的作用。银行业的竞争从某种意义上说也是一种形象竞争。银行网点能够树立良好的银行形象，与其拥有着高素质的员工，高质量的服务，包括银行大堂经理在内的每一位员工的礼仪修养展现无疑都是分不开且起着非常重要的作用，而银行大堂经理又是客户进入银行网点后面对的第一位银行员工。

优良的服务与银行大堂经理服务的技能技巧有关，更与银行大堂经理的礼仪修养展现有关。银行大堂经理的礼仪修养不仅能够体现一家银行自身素质的高低，更能反映一个银行的整体水平和可信程度。如果每一个网点的银行大堂经理都能够做到着装得体，举止文明，彬彬有礼，谈吐高雅，就会赢得客户的信赖、理解与支持。反之，若银行大堂经理言语粗鲁，衣冠不整，举止失度，接人冷若冰霜甚至是傲慢无礼，就会有损银行形象，就会失去客户的理解与信任，最终失去市场竞争优势。仪容、仪表、礼仪，也对行业站稳市场发挥着积极作用。

3. 作为一名银行大堂经理，要严格规范自己的服务言行，微笑聆听客户的来电，耐心解答客户的请求，用一颗健康的心态来面对来到网点的客户，用一颗健康的心态来面对自己的工作，用良好的仪容仪表和精神面貌来塑造银行良好的品牌形象，使银行大堂经理的礼仪礼节和良好的服务能够给新老客户都留下美好的印象。银行作为一个服务性行业，在服务中只有把品牌效应和优良的服务结合起来，才能达到客户满意的效果。优良的服务与人的举止行为有关，与银行大堂经理的服务质量有关，与礼仪修养有关。银行大堂经理的礼仪修养不仅体现了一个行业自身素质的高低，更是反映了一个银行的整体水平和可信程度。银行大堂经理是客户直接接触的对象，银行大堂经理的言行举止代表着银行的形象。银行大堂经理必须按照礼仪服务要求，努力让自己的规范服务成为习惯，做到标准化、正规化，在为顾客提供优质服务的同时，体现自身服务的价值，展示良好的个人修养。通过个人的专业形象和风度，加上周到的服务，提升客户感知的银行形象，这样，就可以把良好的服务和银行的品牌形象结合起来，有效的提升顾客满意度。

4. 转眼已经在网点工作半年了，可以说每天的工作都大同小异，但是网点晨会让我发现了自己工作的闪光点，让我明白很多，了解了很多。"一日之计在于晨"。每天早晨8点10分，网点的营业大厅里，两列纵队整齐的排列着，大家着装整齐的相向站立着，期待着每天晨会的开始。随着主持人一声"列队"，大家便双手击掌，以示晨会正式开始——问好、仪容仪表的检查、昨日工作点评和今日工作事项提醒、主题培训、互动环节……在这短暂的时间内，凝聚了力量，团结了员工，总结了经验，历练了自身。

晨会让我们看到了自己昨日工作中的不足，了解了今日工作的重点，有了不断完善工作质量的想法。俗话说"知己知彼，百战不殆"，在每天的晨会中，各位员工都会汇报自己昨日的工作情况，之后网点负责人对昨日工作进行简单总结，并对今日工作提出要求。这样不仅可以让我们及时了解自己昨日工作的优点与不足，同时还可以让我们在工作中不断总结经验教训，更有利于今后网点工作效率的提高。

晨会让我们提高了个人的能力，增强了自身素质。每次的晨会都会由员工轮流主持，这不仅锻炼了员工的语言表达能力，同时为员工更好的与客户沟通交流提供了良好的训练平台。记得自己第一次主持晨会的时候，心里头还真紧张得很，看着自己身边的各位前辈们，心里顿时产生了不安，生怕自己一不小心说错话。但是，随着时间的消逝，在一次次的实践与训练中，自己慢慢适应了晨会，在后来主持晨会的过程中也变得有自信了。

晨会让表现好的员工得到了应有的鼓励和表扬，提升了工作热情。众所周知，每个人都有自己的荣誉感，当员工受到管理者赞扬的时候，这不仅会让他们感觉到自身的价值所在，同时，也使员工的自尊得到了满足。受到鼓励和表扬的员工会以更加积极阳光的心态、将满腔的热情投入到工作中，员工的服务也将会更优秀、业绩将会更好。

5. 对于网点晨会，这个长期性的工作而言，做起来还是有一定难度的。一个有意义、有实效的晨会需要具备"有形""有意""有趣""有效"四个方面的特征：

(1) 网点晨会要"有形"。网点一天的工作必须要有一个良好的开端，所以一定要认真开好网点晨会。晨会的人员要固定，队形要整齐，思想要集中，程序要规范。晨会作为银行网点管理中的一种重要的会议制度，在程序上有其特定的要求。要严格按程序进行，才能保证晨会内容的落实。在每天营业前15分钟，由营业网点负责人召集网点全体工作人员参加晨会。晨会分为两个阶段进行。第一阶段多由银行大堂经理主持，共六项内容：一是简要回顾总结上一工作日重大事件、特殊事件；二是提示本日工作难点、工作细节和业务风险点；三是组织员工复习所开办业务的操作要点；四是组织员工学习新业务和新知识；五是传达上级有关工作要求，明确工作方向；六是对照服务手册的规定，检查员工仪表是否规范。在晨会的第二阶段，通常会安排员工畅谈对新业务及其新知识的学习体会，介绍日常业务的处理经验。最后，员工集体背诵服务理念和行训，以饱满的精神状态迎接新的一天工作的开始。

(2) 网点晨会要"有意"。网点晨会应该成为银行员工传递正能量、创造动力源的最好平台，并将这种正能量层层传递给客户，推动员工之间共享收获、共担责任、共同成长。晨会的精神应延伸到全天候，使员工成为国家金融政策的宣传者和贯彻者、成为与企业共同成长的建设者、同事间和谐关系的维系者。网点内部可以创建职工情绪管理看板，列明岗位职责、展示网点之星。特别是设置"情绪储蓄罐"栏目，让员工将自己每天的情绪以不同"脸色"的小图标展示在看板上，让领导第一时间了解员工的工作情绪，以便于及时疏导，保证员工日常工作中的服务水平。召开晨会的"意"有三个目标：一是昨天工作回顾及今日工作计划；二是政令宣传贯彻、工作岗位调整、案例分析；三是激励员工迎接新的挑战；四是凝聚员工，让员工做"主人"，拉近距离。激励表扬应该注意以下几个方面的要求：一是要适当朴实，不用华丽的语言；二是涉及员工广泛，避讳表扬一人伤及他人；三是就事论事，针对性强；四是多介绍成功经验，鼓励继续保持第一；五是表扬适时，不宜过多；六是员工之间可互相表扬。

(3) 网点晨会要"有趣"。"今天我们做个游戏，游戏的名字叫'小鸟飞'，我先给大家讲解游戏规则。"随着主持人清脆的声音在晨会上响起，大家的注意力都集中起来。"大家围成一个圆圈，我们每个人都分配一个号，当你被指定为小鸟飞的时候，就由你确定下一只小鸟接续你的动作，同时你右侧的小鸟挥动右臂，左侧的小鸟挥动左臂，配合你完成整套动作，如果两侧的小鸟没有动作，视为犯规，罚做下蹲动作3个，大家听明白了吗？"好有趣的游戏！随着主持一声令下，6号小鸟第一个开始飞了，她挥动着双臂，口中念着"6号小鸟飞，6号小鸟飞，6号小鸟飞完10号小鸟飞"，紧接着10号小鸟起来了。咦？有人发现9号没有动作，他犯规了，罚！罚！下蹲动作得做3个！大家被同事们滑稽可爱的动作逗乐了，欢笑声在大厅里此起彼伏。这是某个支行晨会中的游戏内容。需要注意的是，晨会时间有限，游戏不要太复杂，否则会引起员工反感。另外，游戏要有"意义"，游戏的感悟要和最近工作中发现的问题相关。晨会想做到"有趣"非做游戏这一条路可走，主持者可结合网点内部一些有趣的事进行生动的讲解。

(4) 网点晨会要"有效"。晨会的生命力在于每天都有"新"的内容。要使晨会每天不一样，就需要加入不一样的元素使每天晨会焕然一新。一是每天变换队形，像V字形、八字形、心形、面对面,甚至围成圈,尽量不用网点经理一点,其他员工一线的队形;二是实施双主持人模式,主持人可以是网点经理,也可以是银行大堂经理或其他员工,网点甚至可以列一个排班表,将所有员工都列入其中;三是每天晨会的"东西"要有所不同,内容涵盖应非常广泛,诸如前日业绩通报,本日工作计划是必不可少的。也可以介绍新产品,通报上级行重要文件内容。至于其他内容如员工生日祝福,历史上的今天,保健知识介绍,业务游戏,工间操,同事之间握手、拥抱,喊口号。只要是积极影响工作的,全网点员工都可发挥自己的想象力、创造力,尽可能打开想象的翅膀。

6. 晨会是一天好的开始。晨会是银行全体员工调整服务心态,激发工作斗志,凝神聚气的重要时刻。不能将晨会看作每天的"撞钟",应该是为热爱网点、热爱工作、热爱客户的员工而准备的。应动员全体员工共同参与,共同激励,为新的一天工作创造良好氛围。好的开始是取得成功的关键。

晨会开启美好的一天。作为一种经营管理方式和手段,晨会的组织开展的效果可以直接影响到全行的团队协作士气和战斗力。银行网点都应认真落实上级对晨会晨训的要求,以合规操作、防范风险、优质服务为主要内容,坚持做到每天用"心"开展晨会,使晨会成为全员学习的互助平台,相互沟通、相互了解的讨论平台,增强全行凝聚力的核心平台,全方位推进了合规化管理和优质服务工作。

晨会是业务知识的"补给站"。营业网点的晨会应该是有针对性地强化专业知识学习,及时传达贯彻上级行文件精神,组织学习金融法律法规,交流业务经验、服务技巧,相互取长补短,让员工每天都能在晨会上有所收获。同时营业网点根据不同的业务岗位,把员工当天工作期间应遵守的规章制度、操作流程、注意事项进行说明和强调,确保当日工作无差错。把当天任务按岗分解、量化到人,专人负责。

晨会是查漏补缺的"检测站"。晨会总结讲评前日工作情况并作为对员工考评的重要依据。按照合规要求处理每一笔业务手续,实现业务环节的"无缝隙"对接,当日事当日清,网点经理与员工进行面对面交流,对前一日工作进行总结,查漏补缺、弥补不足。网点经理应每日按时参与晨会并及时了解每天工作动态,构建信息交流和业务发展的"直通车"。员工们畅所欲言,反映服务过程中遇到的疑难杂症,集体进行会诊、相互支招、共同提高。

晨会是激励士气的"加油站"。"好,很好,非常好",这句话不仅是应对工作的自信,也是对自我的激励！重在表扬，肯定工作，舒畅心怀，让员工们觉得自己很重要，自己被重视。工作点评后，齐喊口号，相互鼓励，提振信心，使员工真正清楚自己"应该做什么""应该怎么做"。网点晨会可用来展示基层员工的风采。正衣冠，习礼仪，宣读誓词，讲评工作，提神振气……精神抖擞上班，迎接美好的一天！

二、辨析问题提建议（指出下面银行大堂经理服务的主要问题，同时给出具体的改进建议）

1. 某位客户经常到网点进行交易明细打印，和本网点大堂经理有不断的接触，觉得大堂工作人员服务态度不好，说话嗓门大，引来其他客户围观，这让客户感觉很不爽。客户进行电话投诉，希望本行大堂服务人员的语气应该温和一些，并要求有电话回复。

2. 大堂经理小唐每日按照职责要求进行着厅堂设备运行的检查，但在月底仍然接到了"神秘人"取款机无钞的检查记录，小唐感觉自己很冤枉，自己一天两次检查自助设备，并未发现取款机无钞的问题，怎么让"神秘人"给逮了个正着。小唐实在是想不通，只怨自己"倒霉"罢了。但过了一个月后，小唐又接到了"神秘人"的服务检查记录，这次是反映在暗访中发现营业厅顶棚有四盏照明灯是坏的，小唐当月的奖金又被扣了。小唐这次真的动了"肝火"，她找到网点负责人理直气壮的争执起原因："这四盏顶灯明明是安全警示灯，只有在特殊情况下才会亮的。怎么又青红皂白不分扣了我的钱？"但相关部门回馈的意见结果是:"拍摄情况属实,维持原处理意见。"小唐仔细端详着顶棚的四盏灯,心情也是一落千丈。

3. 一位客户进入某家银行营业网点,大堂经理面带微笑上前主动问候:"您好,请问您要办理什么业务?"顾客回答:"我想取款。"银行大堂经理说:"您可以稍等在柜面办理,也可以到自助机具上办理。自助机具办理可以更快些。"顾客一脸茫然说:"我只有存折,不会用啊。"这位银行大堂经理伸手指引客户:"我帮您,这边请!"。在协助操作中,由于磁条读取错误导致操作失败。大堂服务人员:"抱歉,刚才出错了,我再帮您操作一遍。"顾客连忙说道:"没事,没事。"

4. "顾客永远是对的"这句话是伴随着市场经济的迅速发展、消费者权益运动的日益高涨,由西方企业界提出来的,是"顾客就是上帝"这句口号的具体体现。

5. 其实大堂经理还是个比较重要的岗位，很多小网点，大堂经理都是主管在兼任，在对私业务中，还是比较有说服力的岗位。网点的位置一些时候决定了客户质量和相关人群，若网点位于繁华的商业区，人员流动性大，需求繁杂多样；而有些网点主要是面对企业或是工业园区人员，客户相对固化，业务类别也往往单一，经常听到"老李，你怎么也来办业务呀"之类的招呼声。对于网点的大堂经理来说，营业准备这工作就需要"对症下药""未雨绸缪"。工业区的客户上班就很累了，大厅椅子若不够了，还要继续站着，那么大堂经理是不是应该多摆放些临时椅子。工厂工作忙，出来一趟不容易，还要排队，是不是可以利用APP软件预约时间，这样可以不必过多时间在大厅等候。也可以专门为工友设个专柜什么的，可以趁这个机会，多推荐些本行的小理财产品，你只要搞定工人群体中的20%，那么剩下的80%就会跟风，这还是给自己增加些业绩嘛，俗话说"苍蝇的肉也是肉呀！"。好了，说了那么多你也有自己想法，其实在网点站大堂是苦，但是也怀念那个日子，起码可以和人交流。最后再啰嗦两句，刚进行的朋友们，请珍惜你们站在服务台的机会，虽然说服务台学不到什么，但是你不在服务台，你真的在银行职业发展中会有巨大阻碍，这是无数例子总结出来的，在服务台也是对自己性格的磨练，对自己和社会的认识，你没有这个基础，后面基本是"无从谈起"。

6. 张萍去一家合资银行进行银行大堂经理岗位的面试。张萍本身就长得漂亮。为提升自己的形象，她还做了一番精心的准备：前卫的衣服，配以时尚夸张的手链、造型独特的戒指、超闪的项链、新潮的耳坠，浑身上下处处都是"焦点"，简直是无与伦比、鹤立鸡群。而她的对手只是一个相貌平平的女孩，学历也并不比她高，张萍觉得自己胜券在握了。但结果却出乎意料，她并没有被这家合资银行所认可。主考官对她讲："你的确很漂亮，你的服装配饰无不令我们赏心悦目，可我们觉得你并不适合做助理这份工作。实在很抱歉。"

7. 作为银行大堂经理的王大明工作很努力。夏季一个炎热的午后，他佩戴着一副粉色宽边眼镜，虽由于干燥炎热唇部都已开裂脱皮但仍顶着烈日前去与客户会面。客户一见到他就表现出不耐烦的神情，言语间明显在应付，结果是进入正式话题后不久，客户就借口要开会而匆匆结束了。

8. 刚刚被调到银行大堂经理工作岗位的方小姐年轻爱美，工作也很勤奋。为了与客户更好的沟通她经常主动去拜访一些客户。八月的一天，方小姐穿着小礼服式无袖连衣裙、化了时下流行的小烟熏妆，长长的指甲做了色彩鲜亮的美甲。方小姐要去某企业拜访营销部王经理。当她来到王经理办公室时，只见王经理身着一尘不染的白色长袖衬衣，打着藏蓝隐条纹的领带，稳重儒雅，风度翩翩。当她与王经理握手时，不经意间看到了自己瞬间露出未曾剃掉的腋毛，而且越是遮挡越是不时外露。刚才满满的信心荡然无存，剩下的只是尴尬和难堪，只想赶快离开就是了。

9. 32岁的王女士在应聘银行大堂经理时，为一则招聘广告所吸引，当时广告中要求应聘者的年龄是在30岁以下。她颇有些犹豫，但在全面考虑了一下自己的条件后，还是想去试一试。于是，她走进了那家银行人事管理部门。招聘经理先问她年龄多少，她想了想答道："30。"招聘经理又询问了一些专业的问题后频频点着头说："请你这边填个表吧。"接着又有些疑惑地问了一句："你有那么大吗？也就二十六、七岁吧"。她笑了笑，未置可否。

其实她长得并不是很漂亮，只不过是会化妆罢了。

三、选择正确答案（请将正确答案的序号填入下列题干后面的括号内）

1. 作为一名优秀的银行大堂服务人员，必须有一种十分鲜明的、外在的职业形象，包括（   ）。
   A. 整洁的外表、统一的着装
   B. 标准的服务用语和专业的服务技能
   C. 标准的礼仪形态
   D. 更重要的是必须有一种内在的品格做支撑
   E. 注重承诺；有宽容心；谦虚诚实；积极；热情；有同理心；有一种强烈的乐于帮助他人的意愿

2. 银行大堂经理外在所呈现出来的东西，必须要有一种内在的东西做支持，而这种内在的东西就是服务人员应具备的品格素质。作为银行大堂服务人员，须包含的品格素质有（   ）。
   A. 注重承诺   B. 有一颗宽容的心
   C. 谦虚诚实   D. 有同理心
   E. 积极热情   F. 服务导向

3. 通常来讲，商业银行每个网点应该配备（   ）。
   A. 一名大堂经理   B. 至少一名大堂经理
   C. 一名大堂引导员   D. 至少一名大堂引导员

4. 大堂经理要根据（   ）及时将客户分流、引导至相应的服务区。
   A. 客户类别和业务需要   B. 客户需要和业务需要
   C. 客户类别和业务种类   D. 客户需要和业务种类

5. 对识别出来而又（   ）接受银行服务的优质客户，询问客户基本信息和需求后，填写"客户推荐表"。
   A. 不愿   B. 已经
   C. 当日因故不能   D. 愿意

6. 银行大堂经理营业前工作事项梳理的重点，不包括（   ）。
   A. 办公用品准备　　　　　　　　　B. 明确当天预约情况
   C. 预计当日业务高峰情况　　　　　D. 了解当日营销重点
7. 下列用语中，属于服务忌语的是（   ）。
   A. 请；请问；请说
   B. 请多指教
   C. 这边是大客户服务专用窗口，你到那边排队去
   D. 您走好
8. 向客户致歉文明用语中，不包括（   ）。
   A. 抱歉，让您久等了　　　　　　　B. 先生，这里是无烟场所，谢谢合作
   C. 手续不全，下次再来　　　　　　D. 不好意思
9. 开门迎客流程的执行责任人为（   ）。
   A. 银行大堂经理　　　　　　　　　B. 银行会计主管
   C. 银行网点负责人　　　　　　　　D. 银行谁都可以
10. 如果客户咨询时，银行大堂经理当场不能回答，以下做法中不正确的是（   ）。
    A. 递给客户适合的宣传材料
    B. 记录客户咨询的内容
    C. 婉言避开客户咨询所涉及问题
    D. 得到正确答案后，及时联系客户，告知咨询内容
11. 银行网点业务分流流程的负责人是（   ）。
    A. 会计主管　　　　　　　　　　　B. 大堂经理、会计主管、客户经理
    C. 网点负责人　　　　　　　　　　D. 大堂经理
12. 银行网点产品营销流程执行责任人为（   ）。
    A. 网点负责人　　　　　　　　　　B. 会计主管
    C. 大堂经理　　　　　　　　　　　D. 客户经理
13. 大堂服务讲究用语规范，以诚待人，语调适中，语气平和，语言亲切，提倡讲（   ）。
    A. 双语　　　　　　　　　　　　　B. 普通话
    C. 英语　　　　　　　　　　　　　D. 方言
14. 受理业务时，注意倾听客户提出的要求和问题，了解客户所办业务的需求；（   ）接过客户递交的现金、凭证、票据，以适宜的音量复述客户所办的业务。
    A. 双手　　　　　　　　　　　　　B. 单手
    C. 左手　　　　　　　　　　　　　D. 右手
15. 银行大堂经理若为男士，其面部的要求方面应做到（   ）。
    A. 头发前不抵眉、后不触领、侧不掩耳
    B. 不得蓄胡须
    C. 不可剃光头
    D. 以上三者

16. 银行大堂经理在接听电话时，以下所列举的做法中属于不正确是（　　）。
    A. 如是传言，只要记录留言人是谁即可
    B. 等对方放下电话后再轻轻放回电话机上
    C. 最好能告知对方自己姓名
    D. 接电话时，不使用"喂"回答

17. 银行大堂经理可以用"您看还有什么需要我为您做的吗"（　　）。
    A. 管理客户期望
    B. 在服务结束时检查客户对服务是否满意
    C. 同客户建立关系
    D. 向客户表示感谢

18. 关于银行大堂经理工号牌的佩带要求，以下表述正确的是（　　）。
    A. 男士工号牌佩戴在工装上装口袋边缘中间，并保持端正
    B. 女士工号牌佩戴在左胸前，工牌上沿与第二粒纽扣平行
    C. 工号牌一律佩带在右胸
    D. 工号牌可以佩带在工装上装第三粒纽扣位置

19. 当客户有失误时，银行大堂经理应该采取的正确做法是（　　）。
    A. 直接对客户说"你搞错了"
    B. 用"我觉得这里存在误解"来间接地说明客户的错误
    C. 直接对客户说"这不是我的错"
    D. 对客户说："怎么搞的，重新填"

20. 来电找的人正在通话时，大堂经理以下做法正确的是（　　）。
    A. 告诉对方他所找的人正在接电话，并主动询问对方是留言还是等待
    B. 对方需要留言时，记录对方的留言、单位、姓名和联系方式
    C. 对方愿意等待时，应将话筒轻轻放下，通知被找的人接电话
    D. 以上做法都正确

21. 合适的服务用语是有效沟通的基础，以下哪项不属于服务用语的规范要求？（　　）
    A. 做到"五声"服务，即来有迎声，问有答声，帮有谢声，怨有歉声，走有送声
    B. 在解答客户疑难问题时，要多使用专业术语，以提高银行服务的专业度
    C. 语气要和蔼可亲，轻柔和缓但不嗲声嗲气
    D. 习惯使用"请""您""谢谢"等文明用语，杜绝蔑视语、烦躁语、否定语和斗气语

22. 银行大堂经理若是女员工，则对其发型的要求分别有如下规定（　　）。
    A. 短发要合拢在耳后
    B. 前不掩额、侧不盖耳、后不触衣领
    C. 长发需挽起并用统一的头饰固定在脑后
    D. 刘海不能过眉
    E. 无头皮屑，不染发，且梳理整齐

23. 银行大堂经理须每天填写《银行大堂经理工作日志》，记录本网点（　　）。
    A. 客户识别推介情况　　　　　　B. 当天投诉处理情况
    C. 自助机具维护情况　　　　　　D. 柜员错账情况
    E. 各岗位服务情况

24. 在向客户递送物品时，银行大堂经理应该（　　）。
    A. 双手接物，表示恭敬、尊重
    B. 有尖头的物品（如剪刀等）应注意尖头部分应朝向自己
    C. 轻拿轻放
    D. 在传递有字的物品时，字的正面应向着对方，以便对方看清楚内容

25. 银行大堂经理在公共场合应注意不要发生以下所列情况中的（　　）问题。
    A. 伸懒腰　　　　　　　　　　　B. 接打手机
    C. 修指甲　　　　　　　　　　　D. 整理衣服

26. 引导客户在走廊行走时，作为引路人的银行大堂经理应注意（　　）。
    A. 引路人应走在客户右前方的二、三步处
    B. 引路人走在走廊的左侧
    C. 客户走在路中央
    D. 与客户的步伐保持一致

27. 银行大堂经理若为女士应穿着应配套协调，其含义是指（　　）。
    A. 穿裙装时应穿肉色连裤袜或长袜　　B. 袜子不带图案
    C. 袜口、衬裙不应外露　　　　　　　D. 穿着套裙时，应穿有跟皮鞋

28. 银行大堂经理站立迎接客户时，站姿正确，挺胸，下颌微收，双手自然下垂，脚跟并拢，脚尖略微张开。双手不得（　　）。
    A. 抱在胸前　　　　　　　　　　B. 叉腰
    C. 插入衣袋　　　　　　　　　　D. 放在体侧

29. 规范的注目礼是银行大堂经理与客户沟通交流的基本要求，下列选项中不属于正确的做法是（　　）。
    A. 短时交谈时，目光应停留在客人的鼻眼三角区，目光要柔和亲切
    B. 长时交谈，要注视客户的整个面部
    C. 注视时，要聚焦于一处，固定在某个部位
    D. 当客户说错话、做错事或无意间做了不雅行为时，要主动及时回避目光

30. 银行大堂经理记录工作日志的现实作用主要有（　　）。
    A. 能够帮助银行大堂经理整理碎片化的一天工作内容
    B. 能知道自己工作的不足，特别是哪些工作还没有完成
    C. 能知道自己哪些工作做完了，有什么经验及其成果
    D. 管理层能清楚网点客户投诉的原因及其解决进度

四、判断对错（请将你认为正确的在下列题干后画"√"，错误的在下列题干后画"×"）

1. 银行大堂经理的职责包括提示和指导客户使用银行自助设备。　　　　（　　）

2. 银行大堂经理要及时处理客户意见、抱怨和投诉。（　）
3. 银行大堂经理要全面熟悉所在银行的规章制度、业务操作规程、产品和服务。
（　）
4. 严禁大堂经理通过任何形式和渠道向他人或外界透露客户信息。（　）
5. 银行大堂经理的着装配饰，按照专项服务礼仪着装配饰标准执行。（　）
6. 在银行网点的晨会中，银行大堂经理要明确当日巡视重点，检查监督员工标准着装。
（　）
7. 营业前准备的设备准备内容主要包括检查门窗标识及其检查办公设备。（　）
8. 营业前对网点柜员的桌面的检查要求其只允许摆放显示器、键盘、打印机、点钞机、对讲机、印章盒、印台、沾水盒、凭条盒、验钞器及其笔，网点柜员的桌面时要求禁止摆放书籍、水杯、杂乱纸张等非营业用品。（　）
9. 银行营业厅地面及窗台的卫生应无纸屑、无烟头、无污迹、无杂物，拖把、扫帚应放在隐蔽处。（　）
10. 银行营业室客户视线内不得存放与工作无关的物品。（　）
11. 对银行网点每日晨会主持人的要求是由负责人主持，也可由员工轮流主持。（　）
12. 客户表述问题不清时，银行大堂经理应耐心引导，弄清问题后再予回答。（　）
13. 示意客户时，要用手心向上五指并拢的手势，不得用单指或手心向下的手势。
（　）
14. 办理业务过程中不准吸烟，但可以接打电话或与他人聊天。（　）
15. 网点夕会最主要的目的便是总结提炼业绩提升的经验，分析解决存在的问题。
（　）
16. 银行大堂经理的服务工作规范是没有规定不能做美甲的，只要不影响工作，或做过分的美甲都是可以的。（　）

五、解答问题（请从教材、专业书籍、网络相关内容的搜集整理后写出相关问答题的答案）

1. 银行大堂经理仪容仪表方面的主要规定是什么？

2. 银行大堂经理召开网点晨会应遵循的基本原则是什么?

3. 银行大堂经理每日对网点营业前的例行检查主要是什么内容?

4. 银行大堂经理工作日志记录的主要内容是什么?

第三部分
3 银行大堂经理的客户现场管理

一、阅读写感受（请你阅读下面文字后，写出自己对银行大堂经理现场管理的理解和认识）

1. 一天，一位头发已经灰白的阿姨咨询大堂经理，要求为其开通网银转账及手机短信通知，还强调要将网银转账的单日最高限额设定为50万元，问可以不可以。因近期电信诈骗频多，大堂经理刘树辉不免提高了警惕，故有意要求出示有效证件和提供手机现场操作，阿姨有些气急败坏地讲："我有手机号就是没带手机嘛！"并反复强调是开给他儿子网购用的。刘树辉问阿姨儿子在哪儿，阿姨告知在厦门上班。刘树辉用自己的手机拨打了阿姨提供的手机号，但手机拨打时显示该手机号码来自陕西而且一直占线。显然，阿姨说儿子在厦门这个信息是在撒谎。疑点越来越多，刘树辉告知阿姨后，阿姨说不会错的！这是他儿子特意买的手机号专门上网用的，并催促快点办理。刘树辉觉得不妥，还硬着头皮问阿姨有没其他子女的电话，她不耐烦地说："怎么这么多事？会不会办业务？"刘树辉笑着和她说："不好意思，这是开网银的需要，要不然开不通！"阿姨说了一大堆埋怨的话，最后没辙说了她大女儿的电话。业务主管赶紧到后台拨打了其女儿的电话，并说明情况，她女儿说她弟弟昨晚有打电话说手机被偷了，还没补手机卡。经大堂经理的帮助，阿姨恍然大悟，庆幸自己没有上骗子的当。

2. 银行大堂经理是营业厅服务的指挥家，有效调动着柜台内外及网点的所有资源。只有让客户与银行所有工作人员井然有序的工作，才能演奏出一曲和谐完美的营业厅交响乐。许多客户把大堂经理小陈比作勤快的小蜜蜂，穿梭在营业厅的各个角落，道一声问候、拾一张纸屑、打理一下柜面，同事们则将小陈看作是消防员，及时扑灭客户心情不畅的怒火。傍晚下班之后，一名客户突然拍打着已经关上的卷闸门，声音震耳欲聋。客户盛气凌人地叫嚷着"开门，马上给我办业务！"原来，客户忘记了今天是信用卡最后还款日，心急如焚。小刘一边向客户解释下班后是无法办理柜面业务的，一边帮助客户将零钱换成百元整钞到ATM存款。客户表示不会使用ATM机，担心现款会被吞。天色已晚，小陈仍耐心协助客户将所有现金存好才准备离开。客户自知理亏，连声道歉、感谢，并留下一张名片，说："以后需要存款您尽管找我就是了。"第二天中午，一声怒吼又打破了营业的宁静，一名中年妇女在柜台大发雷霆道："办，马上给我办！"小陈立刻将客户请到休息室并为客户送上一杯热茶。刚开始客户仍是怒气冲冲，但小陈始终保持微笑。原来，该客户的儿子多次使用信用卡未还并大额套现，银行电话催缴无效后，将其用卡资格冻结锁定。客户要求代儿子销户但没有身份证，柜台按规定要求要信用卡本人办理。进一步沟通后，小陈了解到客户的儿子就在门口的小车内坐着，只是因母子吵架，儿子坚决不进银行网点。小陈及时安抚着客户的情绪并不断作着解释。客户慢慢的平静下来，最终母子办好业务一起离开了网点。第二天一早，还是这名客户，在贵金属展示柜前盯住一件样品仔细端详着。这个细节引起了小陈的注意，于是主动上前询问，原来客户想购买黄金给儿子作积蓄。小陈为其推荐好产品后，趁热打铁，预约客户次日上午提货。为了防止库存不足问题的出现，小陈及时报告分管副行长紧急调度货源，第二天准时将金条交到客户手中。

3. 支行网点来了一位神色焦急的老太太，她一进门就抓住大堂经理的手说："姑娘，你可要帮帮我啊！"大堂经理马上把老大请到边坐下，给她倒了一杯热水说："奶奶，不着急，您慢慢告诉我，我给您想办法。"原来，老奶奶的儿子小何患了重病，在广州做了手术，现在转到了贺州市中医医院。可是手术已经把一家人所有的积蓄花完了，而后期的恢复还要很大一笔钱。医疗保险机构可以报销50%，小何有一本本行的存折，可是他记了密码，而现在已经10月了，医疗保险的报销只能在今年完成，这可把他们愁坏了，老奶奶焦急的向大堂经理求助来了。银行大堂经理马上向领导汇报了这件事情。因为情况紧急，当天，支行的副行长带着大堂经理还有柜员来到了中医医院为小何服务。大堂经理向小何解释了来意，核对了他的身份证件后，协助他的家人填写了相关材料，回到网点后，银行大堂经理为老奶奶安排了绿色通道办理业务，使老人家及时拿到了救命钱，随后，又陪老奶奶回医院及时交纳了住院费用。

4. 记得那天雨淅淅沥沥下个不停，客户也比往常少了许多，这时，一位70岁左右的老人蹒跚着走了进来，原来是张爷爷，经常来网点办业务，大家都认识老人。大堂经理小吴立马站起来提醒爷爷雨天走路慢点，之后把爷爷手里的存折接了过来，问爷爷今天要办什么业务。张爷爷说要取2000块钱，但老爷子在柜台试了好几个密码都不正确。老爷子有些急了，非说银行的电脑坏了。小张建议老张爷爷再想想密码，确实想不起来，就只能挂失了，不然让孩子送点钱过来先用。张爷爷不高兴地说儿子出差还没回来，取个2000元，主要是这几天吃饭用。老爷子又把密码试了一遍，还是不行。张爷爷真急了，嘴里嘟囔着："孩子们倒是对我不错，可是好几个存折让我怎么记得住密码？"望着门外的雨，小张似乎有些明白了："莫不是老爷子拿错了存折，所以密码对不上了！"小张安排张爷爷在窗口坐着休息休息，张爷爷突然急忙挥手说："我想起来了，我有好几个密码都在兜里这个小本本上面，不好意思我给忘了。"小张赶紧接着说："没事，爷爷，我都给您办过几次业务了，别着急，您慢慢试。"只输了两次新密码后，爷爷的钱就顺利取了出来。几天后，张爷爷满脸春风来到银行网点，这次是他儿子陪着一起来的，老先生握住小张的手并一直道谢，说银行真的很暖人。儿子也很感动，说当时赶着出差，忘了多关注老人的生活，以后不会再犯这样的错误。当天那么大雨，为2000元差点让老人跑冤枉路实在是不忍，特别是给老人家带来这么多麻烦。小吴表示这都是应该做的，如果换做其他同事的话也会同样会提供帮助的。老人的儿子觉得这家银行的服务很周到，后来把在他行80万元的存款期满后陆续转入本行，而且买了不少理财产品。

5. 有些问题不及时解决就有可能给客户财产造成损失。星期三的下午，营业时间快要结束了。大堂经理小孙约好的理财客户已经来到了网点，并和小孙亲热地寒暄起来。这时，保安带进一位 50 多岁的阿姨，神色焦急、手还有些颤抖。"阿姨，有什么可以帮您吗？"大堂经理小孙跟紧迎了上去。"刚刚在公交车上，我的皮夹子被偷了，里面的银行卡上有一大笔钱，是买房的首付款。""阿姨别急，您先通过电话银行办理口头挂失……"小孙赶紧招呼引导员小刘把理财客户带进贵宾室休息等候，自己则按照操作流程，指导阿姨迅速办好口头挂失手续，同时嘱咐阿姨明天带着身份证过来，办理补卡。办完事，小孙亲自将阿姨送出门外，天色已黑。她宽慰并嘱咐客户："阿姨，不用急。路上千万小心！"看阿姨已经平安离开网点，小孙快步走进贵宾室面带笑容招待起自己的客户。第二天，阿姨依约而来，小孙一边带阿姨到柜台办理补卡，一边和阿姨聊起了家常。阿姨说，"快过年了，想给自己的小孙子买点东西，不知送啥好？""阿姨，当然是实物金好！即可佩戴，又能保值。"阿姨看好一款产品后，在手里惦着黄金的分量"这个好，这个好。"一来一往中，阿姨认准了她，不管办理什么业务，都要到她这里，还陆续把钱存了进来，成了本行的高端客户。阿姨总会亲切地说："小孙办事，就是让我踏实。"轻轻的这么一句话，却是对小孙工作能力的肯定。

6. 大堂经理郑志红在巡视自助银行服务区时，发现两位客户正在激烈争吵着，火药味很浓。她立即上去询问情况，一位客户说明他在 ATM 取款后忘记取回理财金卡，被另外一位客户盗取现金 5000 元。小郑感到事情的严重性，便首先安排好保安并稳住了两位客户，然后回放录像，通过录像证实该客户所言属实，并立即拨打 110 进行报警，同时上报行领导。由于此事处理果断专业，客户被盗取的卡内存款被全额追回。客户非常感谢，不断重复地说着："我回去告诉我的家人和朋友，要到你们银行来办理业务，因为这里有最好的服务和最安全的环境。"

7. 做好一天的大堂服务很容易，难的是持久的坚持与不懈努力。不懂业务知识，抓住一切机会学习；不会公关礼仪，就自学公共关系学及其礼仪服务，每天回家对着镜子微笑，练习表情；为了扩大知识面，认真学习投资与理财、演讲与口才。功夫不负有心人，很快，自己在实践中摸索出了一套行之有效的工作要领：腿要动，手要快，嘴要勤，眼要疾，嗓要圆，脸要笑，业要熟，脑要记。掌握了这8个要领，在300多平方米、客户熙熙攘攘的营业大厅里，自己好比经验丰富的交通警察，眼观六路，耳听八方，引导有序，指挥若定。大堂经理好比客户的贴心人，有问必答，有事必办，有难必帮，有求必应。在自己的不懈努力下，大厅里秩序好了，气氛融洽了；客户投诉少了，业务量上去了。服务，在延伸中不断完美。对客户的服务永远是无止境的。客户到网点来，除了办业务，还会有其他的需求。为了解答客户提出的非专业性问题，自己利用假日、双休日到附近的医院、供电局、邮政局、移动通信公司等单位学习了解他们的业务常识，掌握这些单位的基本情况和所在的方位、地段信息，以便为客户提供详尽的咨询服务。不少客户称赞我是万事通，有什么事都喜欢向我打听情况。有位客户向我打听附近的银行网点怎么走，我详细地告诉他坐几路车，在哪里下车，附近有些什么标志性建筑物。为了解决客户的不时之需，自己还准备了一个便民服务箱，备有纸、笔、针头线脑、胶带、老花镜及常用药品，大家笑称是"百宝箱"。就是这个不起眼的百宝箱，还真是为来网点的客户解决了不少难题。许多客户说，到网点很有"家"的感觉。

8. 不少客户会碰到机器设备出现故障所带来的不便，大堂经理要知道设备故障发生后怎样正确指导客户。

王阿姨一早来到网点反映ATM机吞卡的问题，这类问题一方面可能是由于机器设备本身故障所致，另一方面也可能由于持卡人个人操作失误所致。对急需用钱的持卡人来说，吞卡会造成极大的不便。银行设备会自动吞掉伪卡、过期卡、挂失卡，而操作有误的卡片，也有可能被吞，例如个别客户在取钞时只顾清点钞票，忘记拔卡，银行出于对客户卡片安全性的考虑，会在30秒后自动吞卡，防止储户忘记拔卡而造成卡片遗失或被盗用。大堂经理遇到客户被吞卡，应建议客户搞清自助设备所处位置，及时致电所在行客服电话，如急需用卡，须在电话中说明情况，银行客服人员会根据情况缓急安排人员为储户取卡。同时建议客户在7日之内持身份证到开卡网点领回；如果被吞卡跟取款机不是同一个银行，建议客户带上自己的身份证去银行卡所属的银行去办理挂失证明。拿到证明后，去被吞卡的那个取款机所属银行领取银行卡。

富女士曾在南门外一自助设备上取钱时，遇到了扣款不吐钞的情况，明明收到了卡片所在行的扣款短信，但是取款设备所属行的自助设备并未吐钞。富女士到网点咨询大堂经理，被告知这笔账目不会因此被莫名扣除，这才放下心来。如果确实未成功取钞，银行会在几分钟后恢复该账户取钞前的数目，储户可先离开网点，随后通过网银查询明细。像富女士这样的情况，银行除配备监控可供核实外，银行内部或银行间的系统也会证实富女士这笔取款未成功的，客户大可不用慌张，只需对客服人员说明情况，或者到网点查实明细即可。

ATM 吐出假钞虽然金融系统对假钞的防范非常严格，但通过自助设备落在储户手中的情形也曾发生过。ATM 机吐钞后，应先手拿钞票，同时取出卡片，在自助设备的摄像头前清点钞票数量。如发现可疑钞票，单独拿出该张钞票将其正反面对准摄像头拍摄一下，方便日后银行查证。另外，可联系 ATM 所在行，协商当面解决事宜。钞票存款时，将票面平展放置在放钞口，而 50%~90% 新旧程度的钞票最易被机器识别，如遇钞票残损或较为破旧、被折叠、缺角，则很可能机器不会受理，这就需要储户前往柜台进行存款业务的办理。建议客户多携带几张较为崭新的钞票，遇退钞时及时更换，以确保及时存入完整数额。鉴于犯罪分子会通过复制卡片的方式盗取储户卡片信息，而盗取信息时，最直接的方式就是在自助设备上加装读卡器、摄像头。持卡人在使用自助设备时，应检查插卡口是否顺畅，有无加装特别的设备，另外，检查输入密码的键盘区周围是否加装针孔摄像头。输入密码时应用另一只手遮盖，防止被他人看清密码。目前，银行还达不到为每一个自助设备或自助银行配备 24 小时保安的程度，这就要求持卡人自己在独行时，特别是夜间独行时尽量注意个人安全，夜间较晚时刻，如 22 点以后尽量不要使用偏僻场所的自助银行设备。应注意自助银行内的人员是否与自己保持着安全距离，取款后马上离开。提示凭条在不销毁的情况下，持卡人妥善保存凭条，在离开自助设备后及时销毁。

9. 近日，支行组织所属网点针对本行发生的员工违法出售重要客户信息的案件，进行了密集的客户隐私保护的学习及其落实工作。案件中的客户经理薛某根据李某提供的客户卡号，利用新员工渠道整合系统违规查询客户信息 1500 余条，从中获利 16 万元。在这起案件中，薛某利用非工作时间盗用网点主管的授权密码独自一人完成了授权查看，从中也暴露出了网点主管出于信任关系把密码告知了同事,从而让薛某可以实施这样的非法行为。其实在日常工作中,自己也经常接到电话,有熟悉的公司客户需要查询账户余额及其他资料情况。而出于合规保密的缘故,自己总是耐心地和客户做好沟通解释工作,让客户意识到必须携带相关证件来我行网点查询。即便是熟人也依然严格执行行里的规章制度。同时,自己保管的密码我也坚持只有自己知道,自己使用。要是有同事不小心看见我输密码的过程,我会随后立即修改密码,防止他人盗用密码作案。保护客户隐私是每个银行员工的基本职业操守。正是因为客户的信赖,我们的业务才得以存在和发展。要坚持合规操作,为客户保密,让银行成为客户资金安全的港湾。

10. 某行洪泽营业网点服务台的电话铃声急促的响了起来,大堂经理袁弘接听了电话。"我的卡扣不了钱了,今天要还房贷啊,人现在也出不去,怎么办呀?"前言不搭后语般的表述不间断地从客户李女士的口中说出,袁弘听了个大概,立马安抚起了李女士的情绪并仔细落实李女士的卡及其房贷的准确信息。李女士的情绪也逐冷静了下来,仔细讲起了事情的起因经过。原来,李女士2018年在工行做了一笔房贷,还款的借记卡因个人原因丢弃不用,前段时间在营业室重新开立了一张卡,31号是房贷还款日,正当李女士打算将钱转进新开的借记卡时,突然发现钱转入后无法还贷了,且自己住的小区因疫情原因被封锁管控,无法外出,无奈之下只得通电话来求助网点了。袁弘赶紧找来营业室主任,张主任仔细记录了李女士的相关信息后,通过借记卡回访台账发现,李女士因为电话回访异常,借记卡已被进行了只收不付控制。张主管随即告知了李女士相关情况,李女士解释自己工作的车间平日里机器噪音极大,根本听不见手机铃声,回家后因自己原因往往忘了恢复电话铃声,所以造成了开卡后回访异常的现实。张主任当即安抚了李女士的情绪,告知银行工作人员会对相关情况进行核实,如果情况属实,必定想办法解控,不让房贷逾期,李女士电话中立马连声道谢,表示自己充分相信银行。张主任首先通过后台凭证影像系统查阅了李女开卡的相关情况,发现李女士登记工作单位确在工厂且现居住地也在区政府封锁管控之列,接着又联系了行内个人金融部门,希望个人金融部门能够查询李女士房贷的相关信息,查询后证实该卡与李女士所说还款卡号一致。张主任最后拨通了远程授权中心电话,描述了李女士此刻无法出行到网点办理的困难,希望授权中心能够特事特办,授权解除只收不付控制。眼看中午休息时间已到,大堂经理袁弘赶紧嘱咐张主任吃饭,自己则守在电话机旁。解决问题的电话终于打了过来，李女士的卡成功解锁，房贷如约归还。李女士在收到房贷扣款短信后，立即给洪泽网点服务台打来了感激电话，表示在疫情管控的非常时期还特事特办帮自己解了个大麻烦，非常感谢工作人员为自己所做的努力。

11. 邹先生是本行的品牌老客户，在以往的十余年时间一直都在本网点购买理财和办理金融业务，遇到一些个人金融和子女的理财问题都会选择咨询网点的大堂经理或者理财经理，彼此信赖有加，关系维护也比较好。但是，最近大堂经理联系邹先生却一直联系不上，理财到期了也没动静，邀约客户到店也不理不睬。调研得知，邹先生的理财账户和资金正在逐步转移到另外一家新开业的股份制银行并购买了新客户理财，和本行的产品类型一致，都是结构性存款，只是有新户专享收益上浮。大堂经理决定亲自去争取一下这位品牌客户，毕竟网点出现了类似的情况。多方联系到了邹先生后，大堂经理分析了资管新规对于理财的影响，并且从中长期考虑建议客户转向大额存单和定期，原因是此类产品本行也有利率上浮，但目前客户的理财产品收益正处于浮动下降阶段。邹先生豁然开朗，表示理财到期后就转向大额存单，确保资金回归本行。

陈小姐是网点的老客户，一直在本网点办理各项金融业务，其原因：一是离家比较近，非常便利，二是陈小姐与本网点的客户经理是同学，关系非常亲密。陈小姐的大量业务都会交给其同学办理，但是张经理近期辞职到了该市一家农商行，陈小姐与该网点其他的客户经理联系不多，不熟悉，陈小姐正在考虑将账户注销转移到同学所在的农商行。意识到客户可能存在流失的风险以后，网点的大堂经理主动拜访了陈小姐，亲自介绍了本行的一些特色金融服务和产品，对陈小姐的家庭结构以及资产结构进行梳理，结合客户需求，提出了资产配置改善方案，赢得了陈小姐的信赖，不仅保留账户，而且还进行了品牌升级。

12. 某银行网点辖内某区电视台在微信平台开展本区金融机构服务民意调查，该网点在本次民调中群众满意度排名末位。此次民调活动，电视台并未与银行进行任何沟通联系、排名结果在微信平台、县电视台、官方电子屏进行公布，网点的形象置于非常被动的地位。活动恰逢年末，正值网点业务办理、社保卡激活的高峰期，但该支行营业大厅日均接待客户量不足20多人次。若该事件继续发酵，极易激化客户情绪，严重影响银行的形象及其业绩。其中，客户集中反映的是网点"办理一个业务需要大半天"的效率问题。对于媒体的负面报道，网点研究后积极回应，准确客观反馈服务现状，实事求是说明问题，表明良好的纠改态度，引导媒体客观公正报道事件。主要负责人及大堂经理做了三件事来挽回形象：一是及时和本区"金融办"领导进行了汇报、沟通，特别是近年来网点在服务地方经济、服务民生和金融扶贫、渠道建设等方面所做的工作，得到了地方政府部门的理解和支持，同时，及时和区电视台进行公关交涉，促使电视台陆续播出网点在服务经济和民生等方面的系列正面报道。二是在网点开展了"服务提升年"活动，通过学习讲座、开展技能竞赛和检查，以及智能设备投放，在业务旺季增派柜员和大堂引导等形式，提升网点的服务质量和业务办理效率。三是开展了贵宾客户联谊活动，还为前来银行办理业务的贵宾客户送话费、送积分，增强客户体验感和满意度，弥补此次事件的不良影响，效果显著。

13. 女储户进入银行营业大厅，大堂经理帮其取号时发现该客户神色慌张，顿时提高了警惕。客户坐到柜台前，柜员询问其需要办理什么业务，客户支吾说要求取款30万元，同时快速将写有"救我，身上有炸弹"字样的业务凭条递给了当班柜员。此时，大堂经理发现营业大厅内休息区一名可疑男子一直在来回走动观察该名女性客户，并不时向VIP区张望着。大堂经理顿时提高了警惕，并将警情不声不响地报告给了网点经理及现场保安。为了稳住该男子，大堂经理立即上前询问其需要办理什么业务，并将该男子引导至客户等候区后面坐下等候。保安员在向女客户确认该名男子为绑匪后，通过仔细观察确认该男子没有携带遥控装置。保安员递眼神给大堂经理，大堂经理借给休息区的客户倒水的机会，逐渐接近这名男子，乘该男子不注意将茶水突然泼到其脸上，与此同时保安员迅速将该男子扭翻在地面，与大堂经理共同努力将其制服并交由公安机关处置。

14. 大堂经理金晶在营业厅巡视时，发现一男子取号后贼眉鼠眼观察柜台储户取款的情况，便提高警惕上前询问。该男子见被大堂经理发现便支吾了几句离开银行营业大厅。小金再次巡视大厅时发现该男子仍蹲守在营业厅门口并不时向网点里面的贵宾区张望。小金感觉不对劲，有事要发生，便立即通知保安员重点观察加强防范。这时，一位女储户取款后准备离开网点大厅，小金赶紧上前提醒客户要注意钱款安全。女储户离开大厅到门口打开车门时，蹲守在门口的男子尾随其后，突然冲撞女储户并抢夺其手中的钱袋子。男子抢到包拔腿逃离现场时，被早已跟随在后的小金及值守保安员一前一后堵住，小金一个扫堂腿将犯罪嫌疑人绊了个大跟头，保安顺势将其制服后交给了随后赶到的民警处置。这里需要说明的是，当歹徒抢夺客户资金时，最早发现的员工应立即报警，同时呼叫大堂经理和大厅执勤保安。大堂经理迅速疏散客户；大堂保安人员应立即取出防卫器械保护客户安全。如果歹徒抢夺客户资金后逃跑，大堂保安应视情况采取行动，记住歹徒特征及逃跑方向，协助公安机关追捕。大堂经理应保护好现场，维持秩序，安抚客户。若现金未被抢走而歹徒逃跑，则不要贸然追击，记清歹徒特征及逃跑方向、交通工具等情况，以利公安机关破案。如有人员受伤，应立即拨打120抢救伤员。同时，网点组织采取有效措施，尽快恢复正常营业秩序并保护好现场及监控录像资料。

15. 网点发生火警，网点负责人或业务主管应立即向行领导和保卫部门报告，行领导和保卫部负责人接报告后应迅速赶赴现场。火警现场负责人应正确判断查明网点内部起火的原因，立即关闭电源，移开着火周围易燃物，用灭火器实施自救，并组织现场员工进行自救扑救，当火警无法扑灭转化为火灾时，应向119报警，讲清网点名称、地址、火灾种类。网点负责人迅速组织人员把账款转移到保险箱内，确保账款安全。大厅保安和大堂经理应组织疏散客户撤离，在此期间，保安员要阻止任何非救火人员进入现场（除消防队），网点负责人迅速组织员工疏散撤离火险地带，并等待消防队救火。如果邻近单位或住房起火，应迅速派人观察火势、风向，判断是否蔓延涉及银行的可能性，如有情况应立即停止营业，采取措施，把现金、账簿迅速转移至保险箱内。如果火灾没有涉及网点的可能，但火场靠近，扑灭困难，为防止有人趁火打劫，应迅速请示行领导，经同意后关闭大门，停止营业，保证网点人员、资金和财产的安全。火警、火灾解除后，保卫人员及网点人员应及时组织安全警戒，保护现场，维持秩序，救助伤员。

16. 网点发生挤兑事件，网点负责人及其银行大堂经理应迅速出面疏导客户，防范客户过激行为，维持营业秩序。网点负责人按程序第一时间向上级突发事件应急领导小组报告。网点应组成应急团队及时安抚客户，全力做好解释和宣传，控制事态发展。突发事件应急领导小组迅速研究分析事件情况，及时启动应急预案，同时根据实际情况向当地监管机构、政府职能部门、银行业协会报告。突发事件应急领导小组接到网点发生挤兑事件的报告后，立即调动安全保卫人员赶赴现场并请求协调当地公安部门维持秩序，防止事态扩大。突发事件应急领导小组根据应急预案，迅速调运内部资金，确保头寸充足，必要时，向当地人民银行汇报，紧急调拨充足现金，保证正常兑付。根据事态进展情况，突发事件应急领导小组及时进行相关信息披露，消除社会影响。如果事态范围进一步扩大，突发事件应急领导小组请求当地监管机构、政府职能部门共同采取联动措施，统一协调应急处理工作。

17. 遇犯罪分子实施抢劫时，现金业务区人员应沿柜台就位顺势隐蔽，同时按下报警按钮，并利用通讯工具及时向公安机关 110 和保卫部门报警，锁闭营业款箱（柜），不得擅自出击。非现金区人员应就近依托地形地物隐蔽，保护自身安全。银行大堂经理应协同保安立即疏散客户，将所有人引导至安全区域，并阻止无关人员进入。当犯罪嫌疑人侵入现金业务区后，网点人员应依托周围地形地物，保护自身安全，机智与其周旋，伺机报警，等待增援。遇犯罪嫌疑人以引爆爆炸物或胁持人质等手段索要财物时，保安人员应在确保自身安全的前提下尽力劝阻。网点人员要随机应变，妥善处置，与其周旋。遇犯罪嫌疑人实施爆炸、纵火等行为时，要立即按相关预案分工，组织救治伤员、扑救火情和保护资金安全。在保证自身安全的情况下，网点人员要注意观察犯罪嫌凝人体态、相貌、人数、作案工具和车辆、逃跑路线等。事后如若有人受伤应及时拨打 120 急救，安抚现场客户，维护秩序，等待公安部门到达。网点保护好现场及监控录像资料。

18. 当歹徒劫持人质实施抢劫时，最早发现的员工应与歹徒对话尽可能稳住歹徒情绪，切勿做出刺激歹徒的举动，确保人质安全；其他人员应躲避好自己后安全发出信号，报告网点负责人、保卫负责人，同时报警。临柜人员应将桌面现金及有价证券锁入尾箱，将钥匙藏在暗处，退出业务终端系统。临柜人员必要时按歹徒要求少量多次给予一定数量现金，尽可能拖延时间，缓解歹徒情绪。大堂保安和大堂经理迅速疏散客户，有序引导至安全区域。网点负责人或者大堂经理巧妙与歹徒周旋和沟通，但不能激怒歹徒，要拖延时间，等待警察处理。如歹徒劫持人质及钱款逃跑，大堂保安、大堂经理等人员在保护其自身安全的前提下按照分工，保护现场，可派人跟踪追击，追随时要保持一定距离，记住歹徒特征及逃跑方向，协助公安机关追捕。若现金未被抢走而歹徒逃跑时，不要贸然追击，记清歹徒特征及逃跑方向、交通工具等情况，以利公安机关破案。如有人员受伤，大堂经理应打"120"进行紧急救助，安抚受惊客户，并协助公安机关破案。网点保护好现场及监控录像资料。

19. 某女士暴发户形象，因几次输错丈夫银行卡的密码，导致银行卡被锁，需本人来银行办理，客户不能理解，与工作人员发生争执。银行大堂经理小陈到场后，客户仍不依不饶："我凭什么不能给我的老公银行卡解锁，这身份证、银行卡都在我这里。我们两口子，他来我来不都一样吗？"小陈微笑解释道："很抱歉，按照规定，银行卡密码解锁，必须要本人持有效身份证件到柜面办理。"客户表示不理解："你们怎么那么死板，我让我老公打个电话给你还不行吗？"大堂经理说明这样做的道理："密码输错锁卡是对客户账户资金的一种保护措施，要求本人来柜面办理，也是防止您账户被他人侵害的一种措施啊。能给您办的话我们一定给您办，我知道您也是心疼老公，怕他跑一趟。"客户语气开始有些舒缓："是的，他挺忙的。"小陈接着说道："是啊，看您这样心疼老公，真是个好妻子，您老公真有福气。"客户听了小陈的话，当即借坡下驴："那是必须的，算了算了，不跟你们计较了。我打个电话让他来吧。"小陈怕客户真有重要的安排，赶紧问："您今天取款的用途是什么呢？"客户回答："帮老公把钱打到生意伙伴的账上，答应好今天要汇给人家的可是眼看你们银行下班的时间快到了，就怕来不及汇款呢。"小陈判断对方用款并非今天必须办，于是建议："这样啊。那等您老公来了以后，我们为他开通手机银行，24小时转账，没有手续费，还可以预约无卡取现呢。"这位女士高兴了："这么方便啊！行，我肯定建议老公来网点开办手机银行业务，让他把公司账户也开过来。"小陈没想到这位女士这么爽直，连忙说："谢谢您的信任。"

二、辨析问题提建议（指出下面银行大堂经理现场管理的主要问题，同时给出具体的改进建议）

1. 某客户打电话到银行网点的服务台，以下是值班银行大堂经理与这位客户的通话记录：客户打电话进来："你好！请问贵行的利率比其他银行高吗？"大堂经理回答："是的。"客户继续问道："我想问一下三年期利率的情况。"大堂经理有些迟疑了："对不起！我记得不太清楚，反正我们要上调10个百分点。您有钱来我们这里存吧，我们这里服务可好啦！"客户略显不耐烦："我知道平均上调数，就想知道具体的情况。"大堂经理回复："好吧，过一会儿告诉您。"没等客户说完，大堂经理就挂断了电话。客户等了一上午也没收到大堂经

理的回复。(可能大堂经理工作忙,忘记回电了)

2. 某位老人颤颤巍巍来到网点的服务台前问正在值班的大堂经理:"我年纪大了,手和眼都不好使,我想给孙子汇点生活费,能不能帮我填一下单子?"大堂经理连忙摆着手:"客户单据是原始凭证,为防止产生纠纷,银行员工不能帮客户填单。再说万一有什么错误,我也负不起这个责任啊!"老人有些无奈:"那我怎么汇钱啊。"大堂经理顺手多拿了两张单子给这位老人:"您把单据带回去,填好再来吧。"

3. 客户前来咨询大堂经理自己的卡无法使用的问题。大堂经理觉得这个问题几乎天天都有客户问到,于是不假思索地回答道:"是不是你自己的问题,操作不当或者其他什么问题?"客户有些不爱听了:"你怎么能说是我的问题,我现在是在任何设备刷卡时用不了。"大堂经理非常肯定:"你肯定经常把卡与手机放在一起了。"客户回答:"是的。"大堂经理解释起来:"看来你的卡被消磁了,到那边填单台先填单,再排队到柜台换卡吧。"客户抱怨起来:"真麻烦!"大堂经理顺嘴回了客户:"那怨谁啊,以后可要注意点,别又把卡与手机放在一起了!"客户没办法,只能取号等候补卡了……

4. 银行网点保安员小王与一名前来办理业务的客户因说话纠纷在网点营业厅外发生了肢体冲突。事发时，有围观的群众拍摄图片及视频转发到朋友圈。事后，当事人及家属通过自媒体转发、散播图片、视频，并且添加"某银行保安打人"字眼的文字，对该行声誉造成了不良影响。

5. 客户走进拥挤的大厅来到大堂经理的服务台前："请问，支票转账在哪个窗口办理？"大堂经理正在指导一位"喋喋不休"的老年客户填写业务单据，始终没有回答。客户又重复询问了一遍。这时，银行大堂经理仍未回身，只是用手向左面的柜台区指了一下。客户见大厅里面拥挤不堪，茫然离开了网点。

6. 临近关门，一位推着旅行箱的客户来到网点焦急地询问银行大堂经理："你好！打扰了，我的卡刚才被吞了，不知如何是好？"大堂经理赶紧问这位客户："是我们行的吗？"客户回答："不是。"大堂经理回答说："按规定，自吞卡次日起7日内带开户行的证明来取卡。"客户一听就急了："我是出差来这里的，且现在急需钱买机票，怎么办？"大堂经理无奈的告诉客户："现在是下班时间，您也没有手续，我们帮不了你。"客户急得在大厅里面团团转……

7. 客户到网点办理同城转账汇款业务，且强调"我要转账，就是在你们银行开户的。"银行大堂经理问清楚后想将客户分流至智能综合柜台办理，于是先帮客户取号引导至休息区等候，在这期间准备带客户去智能柜台体验一下汇款业务，省时间省手续费。大堂经理跟客户讲："您可以跟我到智能柜台上自助办理。不需要拿号排队等候了！"客户一听，有些不耐烦："什么智能综合柜台，我不去试，我已经习惯在柜台上办理。"大堂经理认为应该突出一下智能综合柜台的优点："先生，智能综合柜台无需等待，也是实时到账，很方便的。"客户连忙摆手："不行不行，还是在柜台上转账我觉得安全。"

8. 网点柜员办理某位客户支取转存业务的过程中，因操作失误，应取误存。柜员发现错误后，未按正确的操作流程做反交易处理。为掩盖其错误操作行为，柜员在大堂经理的协助下，陪同客户去对方支行网点支取错误的账款，并存入其账户上。随后大堂经理分别在ATM机、网点柜面支取并补平了柜员错误账款。形成了大堂经理协助柜员规避反交易，并通过其账户过渡资金调平柜员库款的错误。

9. 花甲之年的张先生是网点的老客户，每隔几天时间都会来存烟酒店的零售款。由于腿脚不便，他会随身携带拐杖，加上进入网点有较长一段台阶，每次上来都显得格外费劲。这天恰逢下雨，台阶有点滑，已经上到一半台阶的张先生的脚突然崴了一下，滑坐在台阶上。正在忙着接待客户的大堂经理和保安看到后立马放下手里的工作，跑出网点小心翼翼将张先生扶到大厅坐下,再三确认老人没有伤到骨头的情况下,在其受伤处涂抹了药膏。张先生顺利存好钱款后,大堂和保安又一路护送张先生离开网点回家。离开时,张先生不忘竖起大拇指说:"你们是我见过最有人情味的银行员工。"

10. 客户张女士和丈夫冲到网点,找到大堂经理要求银行为其解决征信污点问题。夫妻俩坚称所持有的两张准贷记卡都是按时还款从来没有过逾期不还的问题,但信用报告上却显示每月都逾期,严重影响了他们申请房屋贷款的进度。夫妻俩表示银行若不给其个"说法",就要和银行死磕到底。大堂经理及时对客户进行安抚,并引导客户到自助设备上查询了准贷记卡的账户明细。明细显示张女士准贷记卡上的所有透支都是当月消费,下月还款,透支时间平均在30天左右,很有规律,初步判断逾期与张女士对准贷记卡卡种的使用规定不清楚有关。随后,大堂经理当着客户面拨打了卡部的电话,卡部告知准贷记卡透支的金额是没有免息期的,张女士按月偿还的只是消费的金额,而准贷记卡的透支金额是要计息的,其未支付的利息欠交一次,信用报告上就会显示1次记录,但信用报告上会明确显示出准贷记卡的卡种。对于准贷记卡,所有银行都有一个统一的逾期判定标准:只要不是透支天数超过60天,银行都不会认为是逾期。

11. 熟人李大妈来到支行网点出示了一本有些破旧的活期储蓄存折,存折显示余额3万元,李大妈要求支取。大堂经理小宫主动招呼老人坐下休息,而后联系柜员查询后发现该储蓄存折已经在3年前办理了挂失并转为定期储蓄存单，而且定期储蓄存单也在1年前到期后支取。小宫向李大妈简单解释后，柜员当着李大妈的面将已经挂失的存折撕毁，并扔进柜台里面的垃圾箱。两日后，李大妈再次来到网点，情绪非常激动，直接找到服务台的小宫要求取款3万元，称小宫把储蓄存折撕毁了，骗了自己的钱。小宫百般解释，但李大娘已经听不进去，且声音越来越大，手上开始有伤人动作，小宫无奈躲进员工休息区，厅堂客户则开始聚集围观，现场说什么话的都有。

12. 客户赵女士来网点办理业务，称自己身体不好不能等待，大堂经理耐心对其安抚，让其稍等几分钟，待理财窗口柜员吃完午饭后第一个为其办理业务，但客户坚决要求加塞，高声指责大堂经理并声称自己要昏迷，还打电话把女儿叫来声援，之后离去并投诉到本行客户电话。支行副行长亲自致电对其解释情况，对其不满表示歉意，但客户不接受。下午4点半左右，该客户母女又来到网点，称网点服务不好导致其发病住院，要求银行赔偿其住院费用，之后又向报社投诉，报社核实经过后认为其所诉与事实不符未予报道。连续三天，该客户多次到网点讨说法，网点负责人委婉表示无此责任。客户女儿刘某将其母送到网点大厅中，自行离开并关闭手机。客户佯装昏迷，大堂经理拨打120并陪同其到医院。稍后客户以为网点人员已经离开，偷偷与其女儿联系后将其接走回家。该母女俩多次声称还得到网点去闹点"大动静的"。

13. 大堂经理小张是新参加工作的员工，早上网点开门时小张发现有一位老婆婆随着拥挤的人流跟跄着进了营业大厅，小张见状赶紧迎上前去扶住老人并漫步搀扶着坐进休息区等候办理业务。大堂里在场的客户不少人竖起了大拇指称赞小张做得好。不一会，大厅里的客户越积越多，但不见窗口办理完毕业务的客户有多少，大厅里不少客户开始大声抱怨起来："这么笨，半天都办不完一笔？""走后门进来的吧，笨死了！"而那位坐在休息区的老婆婆忽然间跳起来，走到服务台前敲着台面向小张吼着："就你这德行，还能在银行做事！你要赔我的误工损失！"小张被这突如其来的吼声几乎吓懵了，他无论如何也想不出这位他刚刚服务过的老人竟然带头吼他的理由。周围的人有些实在看不下去了，过来指责这位老婆婆的"以恶报恩"行为后，老婆婆才有所收敛。小张也随着周围的指责声瞪了老婆婆一眼。

14. 某客户来到网点办理个人业务，通过排队机取号并提示前面还有三位客户。在等候了45分钟后，客户见各个柜员窗口仍没有"动静"，随即对网点的银行大堂经理提出质疑，最后未办业务气呼呼离开了网点。银行大堂经理也觉得自己委屈。当时营业大厅4号窗口正为客户开办贷记卡签约开通手续及存款20万元的个人业务；3号柜台正为客户办理补办新卡业务；5、6号业务窗口正在办理汇款及转账对公业务，且两个柜员需进行记账、复核工作。客户不理解5、6号对公业务窗口暂不办理个人业务。银行大堂经理向客户作解释时，客户不予认可。

15. 客户张女士在某网点自助区办理完取款后，发现自动门无法打开了，多次尝试后仍无法打开自动门。张女士一下慌了神，环视四周无任何报警电话提示。张女士给"119"打电话说明了自己目前的窘境，"119"立即给银行相关部门打电话联系进行处理，但银行的电话一直处于无人接听状态。"119"立刻派消防员火速赶到张女士所报告的网点才发现网点其实已在开门营业状态。告知银行大堂经理已经有客户被反锁在自助区后，大堂经理才赶紧跑到自助区但尝试打开门无效。消防员询问是否可以破拆故障的钢质玻璃门框，大堂经理则拨打上级行相关部门电话请示，但始终听到的是无人接听的"嘟嘟"声音。这时，网点经理回到网点赶紧表态可以破拆，十多分钟后自动门被强制打开，客户张女士则表示此事历经半个小时的时间，始终得不到银行相关部门及网点的积极配合。张女士就此事进行了投诉，并要求网点进行赔礼道歉。

三、选择正确答案（请将正确答案的序号填入下列题干后面的括号内）

1. 以下所列办法中，属于能够有效减少银行网点休息区等候客户的等候时间的有（　　）。
  A. 提升主动服务意识   B. 增加智能设备采购
  C. 调整网点营业时间   D. 科学规划网点区域
  E. 进行网点业务预约

2. 以下选项中，属于银行大堂服务人员为休息区等候的客户应该提供的规范安抚服务的有（　　）。
  A. 主动与等候的客户聊天
  B. 引导有抱怨的客户去其他银行办理业务
  C. 递送报刊杂志
  D. 询问客户需求
  E. 进行产品介绍与宣传

3. 客户分别可通过下列（　　）渠道对银行产品和网点服务进行投诉或提出建议。
  A. 银行客服电话   B. 银行官网留言
  C. 银行网点意见簿留言   D. 工商管理部门

4. 下列选项中，属于银行网点受理客户投诉应遵循基本要求的是（　　）。
   A. 耐心倾听客户倾诉意见　　　　　　B. 首问责任制度
   C. 谁的客户谁负责　　　　　　　　　D. 公开透明及时
   E. 投诉资料保存完整
5. 如果客户咨询时，银行大堂经理当场不能回答，则以下做法中不正确的是（　　）。
   A. 递给客户适合的宣传材料
   B. 记录客户咨询的内容
   C. 避开客户咨询所涉及问题
   D. 得到正确答案后，及时电话联系客户，告知咨询内容的答案
6. 若客户提出销户的要求，则下列关于银行大堂经理挽留客户的做法中表述错误的是（　　）。
   A. 确认客户销户的真实原因，客户态度是否坚决，判断是否可以提供其他方式的服务代替
   B. 当客户提出销户时，首先判断客户是否由于投诉的原因而销户
   C. 若客户因投诉引起了销户的要求，须按照规定处理流程先来处理客户的投诉问题
   D. 当挽留客户不成功时，就不用留下客户的联系方式了
7. 银行大堂经理对优质理财客户识别和推荐工作，应该包括的主要工作内容有（　　）。
   A. 大厅内发现未持有本行贵宾卡但属于他行的贵宾客户，引导推荐给网点理财经理
   B. 了解网点理财经理每日客户预约及营销活动安排
   C. 对来到网点的贵宾客户安排其进行理财产品体验活动
   D. 给无理财愿望的贵宾客户提供理财服务宣传资料
8. 遇到客户对银行服务或者产品异议或投诉时，下列银行大堂经理应采取的正确态度是（　　）。
   A. 沉着冷静面对客户的各种要求　　　B. 表情装作放松无所谓的样子
   C. 认真听取投诉客户的意见　　　　　D. 问清原因，找到问题的关键
   E. 及时现场处理客户的异议
9. 持卡人在银行自助设备上连续输入错误（　　）次密码，其银行卡将会被锁定。
   A. 2　　　　　　　　　　　　　　　B. 3
   C. 4　　　　　　　　　　　　　　　D. 5
10. 若客户在ATM机上面操作存款而机具屏幕上面没有"存款"选择键显示，这种情形属于（　　）。
    A. ATM机只能取款　　　　　　　　B. ATM机出现故障需要维修
    C. ATM机存款已满　　　　　　　　D. 存款需要输入密码操作
11. ATM吞卡原因主要是（　　），ATM正常吞卡后，机器会吐出吞卡凭条，屏幕也会有吞卡提示，持卡人可持凭条到管理行领卡。
    A. 信用卡超过有效期限或账户已被冻结
    B. 持卡人在ATM上操作完毕后30秒内没有把卡取回

C. 密码错误超过3次（含3次）

D. 操作失误或机器故障也可能造成吞卡

12. 以下关于银行大堂经理客户投诉处理技巧说法有误的是（　　）。

    A. 为及时平复客户激动情绪，受理客户投诉的大堂经理要当场对客户提出的问题和需求做出承诺

    B. 客户投诉时往往情绪激动而造成表述无序，需要银行大堂经理在和客户沟通过程中进行梳理，逐渐澄清问题并判断客户价值取向，确认双方理解一致避免加深误解

    C. 倾听客户投诉时要有耐心，同时能够换位思考客户提出的要求和感受

    D. 银行大堂经理主动向投诉客户说声"对不起"是姿态的体现、诚意的体现、胸怀的体现、素养的体现

13. 银行对客户反馈或投诉网点业务中出现的异常或差错应实行（　　），银行网点最先接待客户反馈或投诉的工作人员，应负责给予客户必要的指引、介绍或答疑服务，同时迅速、简便地予以协调解决；对需要其他部门或上级行处理的业务，应及时向处理责任部门或单位提交，并将后续处理事宜及责任人员及时告知客户。

    A. 首问负责制　　　　　　　　B. 服务承诺制
    C. 责任追究制　　　　　　　　D. 限时办结制

14. 网点ATM机吞卡现象，可能存在以下选项中的（　　）的原因。

    A. 客户连续输入错误密码已经超过3次

    B. ATM机内的现金已被取空

    C. 已消磁银行卡插入ATM机，客户由于不知情而在银行卡自动吐出后再次强行插入

    D. 客户取款后，超时忘记按下"取卡"操作键

    E. 客户插入未激活银行卡或者已经挂失的银行卡

15. 个人开户提供的证件，以下说法正确的是（　　）。

    A. 居住在中国境内16岁以上的中国公民，应出具居民身份证或临时身份证

    B. 居住在中国境内16岁以下的中国公民，应由监护人代理开立个人银行账户，出具监护人的有效身份证件以及账户使用人的居民身份证或户口簿，同时提供有效的监护人关系证明

    C. 香港、澳门居民，应出具港澳居民往来内地通行证；台湾居民，应出具台湾居民来往大陆通行证或者其他有效旅行证件

    D. 外国公民，应出具护照

16. 下列选项中，属于客户个人网上银行开通方式的有（　　）。

    A. 网点柜面开通　　　　　　　B. ATM开通
    C. 在线注册开通　　　　　　　D. 手机银行上开通

17. 个人网上银行"用户名"栏可以输入客户个人的（　　）信息。

    A. 身份证号　　　　　　　　　B. 用户名
    C. 银行卡号　　　　　　　　　D. 真实姓名

18. 银行大堂经理对网点现场"毒嘴巴"客户应采取的正确做法主要包括有（   ）。
    A. 将"毒嘴巴"客户带离现场并安排到贵宾室进行安抚
    B. 联系属地派出所将"毒嘴巴"客户送至派出所处理并注意保留视频证据
    C. 通知网点保安员将"毒嘴巴"客户强行赶出网点
    D. 对"毒嘴巴"客户进行批评教育后再对其提供服务

19. 网点下列做法中可减少客户等待时间的正确做法主要有（   ）。
    A. 银行大堂经理接待客户时预判客户业务的办理时间及难度
    B. 提高网点员工的业务水平
    C. 利用 APP 软件安排客户错峰来网点办理业务
    D. 提倡对客户的微笑服务

20. 下列关于银行大堂经理的客户现场管理说法中正确的是（   ）。
    A. 学会服务补救会让银行大堂经理的服务看上去更加完美
    B. 银行大堂经理需要根据等待区客户的询问来确定客户在哪个柜台办理更快捷，而不是依赖排队机的取号顺序机械等待
    C. 营业大厅内已没有办理业务的客户，走进网点的新客户没有必要取号办理
    D. 银行大堂经理的活动范围不包括网点专设的自助设备区

21. 下列关于社会公众人物来到网点后，银行大堂经理的接待现场管理做法中正确的是（   ）。
    A. 在自己的微信圈披露公众人物来网点办理了相关业务的信息，特别是自己与公众人物的合影
    B. 在支行的相关业务会议上面介绍自己如何眼尖发现了公众人物并提供服务的过程
    C. 将办理业务的公众人物礼貌迅速引进贵宾室，同时通知网点最高级别负责人亲自接待公众人物，自己应伴随客户
    D. 服务结束时可以根据情形向公众人物提出合影、题字或者签名的请求，但要征得公众人物的同意

22. 营业网点发生客户不合理占用银行服务资源事件，银行大堂经理的下列现场管理做法中正确的是（   ）。
    A. 主动了解不合理占用行为的动机，听取客户的合理要求，采取有效疏导措施
    B. 及时劝导客户停止不合理占用行为，维护大堂正常的营业秩序
    C. 疏导劝阻无效后，给予客户适当警告，中止客户不合理占用行为，视情况报告上级主管部门及其保卫部门
    D. 情节严重，已经干扰到网点正常经营秩序的，须立即报警求助公安机关协助处理
    E. 留存好客户不合理占用服务资源的监控录像资料

23. 个人手机银行的主要功能包括有（   ）。
    A. 转账结算　　　　　　　　　B. 在线缴费
    C. 理财　　　　　　　　　　　D. 查询明细

    E. 无卡取款
24. 下列个人手机银行业务种类中，属于交易免费的业务种类是（   ）。
    A. 账户开通   B. 转账结算
    C. 查询明细   D. 无卡取款
    E. 跨行收款
25. 银行大堂经理以下关于代理开户业务的指导解释中正确的是（   ）。
    A. 核实户主、代理人身份证件
    B. 留存户主、代理人身份证复印件
    C. 开立个人结算账户，开户前通过录音电话核实系统与被代理人进行核实
    D. 在个人开户申请书上填写户主与代理人详细信息
26. 下列所描述的现象中，属于银行大堂经理不良的倾听习惯的是（   ）。
    A. 客户说话的时候，你不停在玩着铅笔
    B. 没有让自己的目光与客户的目光相遇
    C. 面无表情，客户不知你是否理解了
    D. 倾听过程中适时地表达自己的意见
27. 银行大堂经理在处理客户投诉时的做法，以下表述不恰当的语言是（   ）。
    A. "绝对不会有这种事情发生的"   B. "我绝没有说过那种话"
    C. "这是我们银行的规定"   D. "我不大清楚"
28. 银行大堂经理接听电话结束的时候，有关谁先挂断电话的做法中正确的是（   ）。
    A. 尊重上级，地位高者先挂断电话
    B. 大堂经理是为客户服务的，客户先挂断电话
    C. 下级服从上级，上级机关的人先挂断电话
    D. 双方平级，主叫先挂断电话

四、判断对错（请将你认为正确的在下列题干后画"√"，错误的在下列题干后画"×"）

1. 金融 IC 卡可以在 ATM 上进行指定账户圈存和圈提。   （   ）
2. 在地面比较光滑的网点营业厅里明确摆放"小心地滑"告示牌，是消费者知情权的要求。   （   ）
3. 在银行大堂经理较忙的时候，熟悉业务要求的保安员可以适度帮助客户取号或者指导客户填单。   （   ）
4. 无卡存款需要验证密码才可进行交易。   （   ）
5. 客户所持有的本行贷记卡可以在还款日从本行的借记卡自动划款偿还，但需要在网点柜台办理相关手续。   （   ）
6. 客户对产品及服务的异议和投诉信息，需要银行大堂经理在工作日志中专项记录待查。   （   ）
7. 在营业网点内等候客户较多、客户等候时间较长时，银行大堂经理应主动上前询问客户办理什么业务，根据业务的繁简程度建议是否可以使用自助设备办理或者安排到业务技能较强的柜员窗口。   （   ）

8. 银行大堂经理须要将投诉客户的需求及时报告给上级行相关主管部门，同时及时将处理结果反馈给客户。（   ）

9. 客户投诉如果事实清楚，要给与现场解决或承诺一定时间内解决，提出解决方案，征询客户意见，解决后征询客户反馈意见。（   ）

10. 网点客户分流的关键控制点在于分析、识别和明确客户的需求。（   ）

11. 判断网点工作人员可能遇到职业投诉客户的时候，应该主动联系有影响的媒体进行网点服务正面报道，给予职业投诉客户形成一定的舆论压力。（   ）

12. 客户等待时间过长而产生焦躁情绪的时候，银行大堂经理可以跟随客户指责正在办理业务的柜员，用来平复客户的不满情绪。（   ）

13. 无论客户所提建议是否中肯，员工都应表示由衷感谢并认真对待，使客户感受到其建议受到了充分尊重。要以宽阔的胸怀和诚挚的态度对待客户的批评和建议，虚心听取客户的意见，禁止以"辩论"的口气与客户争辩。严禁与客户发生争吵。（   ）

14. 客户在咨询服务后徘徊犹豫时，银行大堂经理可暂时不用理会拿不定主意的客户。（   ）

五、解答问题（请从教材、专业书籍、网络相关内容的搜集整理后写出相关问答题的答案）

1. 不合作客户的主要类型及相关解决问题的基本方法？

2. 疏解网点客户焦躁不安情绪的办法主要有哪些？

3. 银行大堂经理接待并处理客户投诉的主要方法是哪些？

4. 银行网点服务补救的主要策略是什么？

5. 银行大堂经理沟通协调工作把握的基本原则是什么？

第四部分
银行大堂经理的产品营销服务

一、阅读写感受（请你阅读下面文字后，写出自己对银行大堂经理产品营销服务的理解和认识）

1. 某日，安静的营业厅内传来一位客户抱怨的声音，经常来网点办理业务的段女士，因为信用卡内的消费额度与自己实际消费金额不符，非常激动地对着柜员谭慧抱怨："我的信用卡账务不对，我明明没有花那么多钱，怎么金额差那么多，这让我以后还怎么相信你们呢！"柜员谭慧说："您请坐，先不要着急，请将您的信用卡交给我，我给您在系统里查询一下卡内的余额。"经过查询核对，柜员将实际的余额告知了段女士，但该客户仍坚持认为银行出了错账。由于营业厅内客户较多，为避免这位客户的不满情绪影响其他客户，大堂经理董奕对这位客户说："您好，我是大堂经理董奕，我基本上已经了解了您所反映的问题，现在请您到办公室商量解决好吗？"段女士非常激动，起身就离座说："我现在有急事处理，你们不查清楚，我就投诉你们"。说罢就匆匆离开了。客户就是上帝，决不能让客户带着疑义，没有弄清事件原委就去投诉。董奕和谭慧将此事汇报会计主管肖琳。肖琳听后，很快通过柜面查询到客户的电话，并电话告知段女士："柜面不能查询信用卡的明细，但是可以通过网银查询明细。"可是电话那端的段女士强调她不会使用网银，并且说她距离本网点是很远的。大堂经理表示可以为客户提供打车费。客户返回网点后，银行大堂经理主动迎上前去，并将客户引导至理财区，打开电脑详细询问客户对哪笔金额存在疑问，并在查询的过程中提示客户："是否存在消费时，刷卡不成功交易"。客户忽然想到了有一次她已经刷卡输入了密码，但是因为线路不通，商场收银员又让她交了现金。真实情况水落石出，该客户为错怪了银行而表示歉意，还要将网点给她的打车费返还。过几天，该客户把存在他行的存款全部转了过来。

2. 某日，网点营业厅走进一位肩负蛇皮背包、满身汗味的中年男子。他环顾大厅左右，接着在休息区坐下来，并没有按照对大堂经理的回复办理开卡业务。过一段时间，保安判断该男子是闲散人员，欲上前对其盘问。细致的大堂经理注意到该情况，再次上前对该男子作咨询服务，了解到该男子想办理一笔外埠某单位向他的转账业务，最好是使用一张新卡。大堂经理推荐介绍，男子办理了银行借记卡，并电话告知汇款方账号。几分钟后，等候在营业厅里面的这名男子收到对方已转账的短信，他马上查询卡余额，发现汇款确实已到账了。该男子随即打开背包，又迅速取出数十万元现金，在柜台存入了借记卡。不久，该客户又出现在网点购买了多款黄金产品。

3. 有一位前来问讯的女士迎面走向大堂经理的服务台。"您好，请问您要办理什么业务？""我要把这张贷记卡销户。""能冒昧地问一下您销卡的原因吗？""这张卡是帮在银行工作的朋友完成任务办的，我已经有好几张银行贷记卡了，我不想有太多的卡！"怎么才能留住这位客户呢？大堂经理回答说："女士，能否占用您几分钟时间，向您介绍一下我平时的用卡方法，好吗？""可以。""若您有4张不同银行的贷记卡，信用额度平均2.5万元，其账单日分别为5日、15日、22日、27日，每次您消费透支时，均使用那张刚过账单日的贷记卡，这样就可以享受其近30日的免息期，再加上从账单日到还款日之间有近20天时间，综合起来，您每月就可以充分享受到50日免息期和近10万元的无息贷款了！""贷记卡有这么多的好处，那我就按您的方法去试一下！""好的，您有使卡方面的问题，可以随时咨询我们，祝您用卡愉快！"大堂经理介绍的方法，是循环使用信用额度及周期，即把多张不同银行贷记卡利用其不同的账单日及信用额度进行综合利用，把免息期和信用额度最大化。

4. 客户张先生持有的信用卡首次还款日12月5日。12月4日张先生至某支行营业网点办理自动还款协议，新柜员对业务不熟悉，只是告知张先生11月账单上的欠款会在最后还款日当天即12月5日通过自动还款从借记卡中扣除。但柜员未说明客户需要在当月账单日之前5个工作日至柜面签订自动还款协议，该月的自动还款功能方能生效。因此，张先生在到期还款日前一天即12月4日签订的自动还款协议是不会对11月份的账款进行自动还款，从而导致张先生的账户处于拖欠状态，并由此产生了利息和滞纳金。张先生直至收到12月账单后，方知自动转账还款未成功。12月20日，客户致电客服热线投诉柜面工作人员并对由此产生的费用进行负责。网点得知此事后，大堂经理立即通过电话联系了张先生，向张先生表达了歉意。后张先生于12月下旬左右至该支行办理了还款手续。负责接待的大堂经理为了表示歉意，赠送了一份精美的挂历给该客户，并将处理情况汇报给行领导。支行领导责令经办柜员赔付客户相关利息及滞纳金，并取得了张先生的谅解。

5. 晨会后，银行大堂经理小王打开工作日志，查阅当天的待办事项。他要约好新客户带齐相关证件前来领取信用卡。客户来办完了相关手续后，小王主动介绍我行理财新产品："这两天我们正在发行一只封闭式基金，请问您是否愿意了解一下？""我听说最近基金类产品跌得很凶的吗？"小王用简短语言介绍了这款新产品同"跌得很凶的"基金产品的不同，特别强调了这款产品的优点在哪里。客户听后说有急事要办，随即记下了联系电话。原本认为该客户是委婉拒绝了，没想到过一会儿客户真的打电话过来。客户表示有三四十万元的投资意向。因考虑到电话里不便和客户全面沟通，小王便约好登门拜访。小王全面介绍了近来股市、基金市场以及宏观层面的状况，并重点介绍了这支基金的收益表现。在了解了这是一只值得长期价值投资的基金后，客户决定了投资四十万元购买基金产品。

6. 由于被推荐的客户出差很忙，大堂经理刘震始终没有机会与她深入交流。半年的时间里，刘震只得坚持每周给她打个电话。一直到5月份，行里安排刘震脱产学习。临走前，刘震特意为她安排了客户经理。也许是这些微不足道的细节打动了她，某日，她和哥哥一起来到网点。刘震又惊又喜，静静倾听客户的要求，仔细观察他们的言行。发现真正的老板应该是哥哥。于是重点从哥哥入手，了解他的风险承受能力、投资喜好、预期满意的收益率等，选择了适合他的产品，但客户没明确答复。3天后，女士打来电话，说她哥哥转入我行存款300万元投资产品。客户买了产品事并没有完。刘震是个细致的人，在自己的客户微信群里每天报告着最新的金融短讯、股市行情、基金净值、分析后期走势信息。不少客户在群里保持联系，相互介绍投资感受。在网点，刘震的客户群是最稳定的。刘震其实并没有给自己的客户灌输什么理财思想，只是做好最基础的信息服务工作。

7. 一位老大爷看到别人去年头的基金都赚到了钱，大年初八便来到网点要把自己的积蓄都拿出来，要求大堂经理小贺帮忙选一只涨得快的股票型基金。小贺接触中发现这位老大爷家境并不富裕，对基金更不了解。小贺并没有急于向他推荐任何基金，而是详细介绍了有关基金的常识，并着重告诉当时市场面临的主要风险。他建议老人不要买太多的股票型基金，可以多买些风险相对较小的债券型基金试一试，并且一定要留足自己的生活备用金。老大爷最后买了2万元的债券型基金离开了网点，之后债券型基金涨了不少。

8. 刚刚上岗的银行大堂经理张军几乎每天都在向那些熟悉的或者不熟悉的客户推销着本行的基金产品，但客户提出的问题都是宣传手册里面没有的，或者是小张从来没有听说过的事情。在随后的销售中，小张努力学习专业知识，适应了客户了解基金，购买基金的各种咨询要求，销售成绩也在一天天进步。某日中午，网点来了一对中年夫妇，男客户径直朝服务台走来并说明来意。原来是自己对基金不懂，想了解一下，并有可能买一些。小张热情耐心地向夫妇介绍了基金产品。中年夫妇频频点头，流露出几分期待的神情。谈了一会儿，站在一边的女客户问："小伙子，你买的是哪只基金啊？我们就买和你一样的吧。"心直的小张随口说出："不好意思，我刚刚参加工作，暂时没积蓄买基金。"女客户"哦"了一声，眼中闪过一道疑惑的目光。过了一会儿，他们说回家再考虑考虑便走了。小张听到那位女客户出门时对男客户嘀咕了一句："吹得这么好，自己都不买，骗人吗？"这件事使小张意识到纸上谈兵，没有人会信服你！小张跟父母借了5万元买了基金。经历了一段时间净值的起起落落，小张获得了不错的收益，对基金理财也有了直观的感受。现在，小张在基金销售中经常与客户分享自己的经验和心得，不但拉近了与客户的距离，而且加深了客户的信任，销售成绩也有了稳步提升。

9. 小李上学的时候性格就有些"闷"，许多人都认为他的这个性格做不了银行大堂经理。小李实习的时候被分配到某著名大学的东门网点，他发现每天来换汇的留学生特别多，网点经常出现外汇储备告急的问题。小李是个有心的"员工"，他利用自己在其他网点实习的同学关系，打电话以最快的速度调进外汇现款，不少留学生都通过换汇服务认识了小李，其带动的外汇存款额也是分行里增长速度最快的。许多留学生路过网点时也愿意进来和小李打个招呼聊上几句。家住网点附近的一位老太太因出国要换美元，而网点柜台只有小票面现钞，聊天中小李得知老人出国主要是大额消费，小面额不便于出国携带，于是找了其他网点的同学将大部分的小票面换成大票面。想不到老太太的儿子是个生意人，以前在网点的存款仅有几十万元，在这件事后存款增加到千万元左右。小李现在是分行里连续3年的销售明星。

10. 某一中年客户气呼呼地来到银行网点，大喊："我在你们这里签了'新股随心打'，18万元存进来一星期，3只新股一只都没有给我打！少赚多少钱？谁赔我损失呀？"这时，银行大堂经理马上赶到客户的面前解释："先生，不要着急，您听我解释。'新股随心打'并非每只新股都得打……"客户由于正在气头上，根本听不进去解释，继续喊道："你们说打新股，当然是每只新股都打，现在一个都没打，我还不如自己打。"银行大堂经理见状便将其请进贵宾室并沏上一杯茶，而后微笑着解释讲："我们选择打新股都是从客户利益最大化出发。由专业团队在充分分析了上市公司的资产、业绩状况、股本规模、上市后预期收益前景等因素后决定的。通常选择估值较高的股票，股本较大，打中的可能性也比较大。经专业团队分析有些上市公司在上市后涨幅不大，给客户带来的收益率不高，银行就不会去打。打新股会在微信群里通知大家的，这时您要准备好资金的，打中后的新股在上市第一天抛掉，收益会按比例划入您的存款账户。"客户情绪平静了许多，但还是表示对少打了几只新股不满。大堂经理继续解释："打新股的资金有一段封闭期，也就是需要冻结一段时间。那么在相同或相近的时间段内，为了保证最大的资金量去打中最多、收益率较高的新股，自然不可能打所有的新股，对一段时间内上市的新股逐一分析筛选后，银行会去打预期收益率较高的那几支，这样能保证您的收益最大。"客户有些不好意思："我之前没有认真看过协议，所以错怪你们了。"大堂经理随手拿出了前几期"新股随心打"的收益表现，与客户分析该产品的年化收益率和未来前景。客户的不满情绪荡然无存了。

11. 银行大堂经理在基金的推销过程中，发现客户李某总是笑而不应，根据自己的销售经验判定李某应该是懂些基金投资的。大堂经理于是换了推销的思路："李先生，想必您很清楚基金产品的收益与风险了，虽然我也可以先给您介绍我行最近销售的几只基金产品，但我想介绍一下如何选基金品种会更合适。"客户的兴趣来了，连说："您给我讲讲。"银行大堂经理说道："说句实话，基金是收益与风险并存的金融产品。在选择基金时，为了规避风险，您不但应选择一些股票型基金，同时也应选择一些债券型、混合型基金。这样在股市波动时，才能抵御或防范更大的风险。"客户点头表示同意，问："那您自己到底是怎么选基金品种的？"银行大堂经理笑道："您会上网，可以看各类基金的详细资料。首先可以将各类基金的收益率排队（一年、半年、三个月、一个月），分析其在不同时段，特别是在股市涨、跌时的表现；二是在收益较好，抵御风险较强的基金中，查看其主要持仓股票及变化；

三是对比一下,您初选的基金同其他基金品种的收益及风险历史表现;四是可查看一下分管这只基金的经理人资历、业绩。这时,您就会有个初步选择打算了。如果您觉得可以一试,上本行网上银行买基金,手续费最低可打四折。"客户李某听后高兴开通了网银业务,同时存了几万元钱到本行账户,表示回去就试。银行大堂经理也把李先生拉进了自己的客户群。

12. 大堂经理已经下班走出网点,有位客户闯到网点门口直接打断大堂经理与一位熟人的谈话。大堂经理判断眼前这位满头是汗的客户一定遇到了什么麻烦事:"先生,您不用着急,慢慢说好吗?"原来客户持现金要给信用卡还款,今天是最后还款日,但是网点的存款机钞箱都满了。客户已走访了附近多家网点的自助服务区,均无法进行存款交易。大堂经理听后,非常理解客户的急切心情,想到客户如不能按时还款,就会有不良信用记录,将影响以后有关业务的申请。大堂经理用亲切的语气对客户说:"先生,请问您贵姓,怎么称呼您啊?""我姓陈",大堂经理赶紧说:"陈先生,请问您的手里有本行的借记卡吗?""有的,有的!"陈先生的情绪开始稳定下来,不停的摸着自己的裤兜。"这事就好办了。"大堂经理告诉陈先生,可以用本人名下的借记卡通过取款机直接转账信用卡还款,可免去存现金交易。陈先生此时火气消了一大半,在大堂经理的指导下,很快就完成了信用卡还款的操作。大堂经理嘱咐好陈先生有时间来网点办理一下自助还款的签约。

13. 某位客户来到网点，询问服务台小张是否可以兑换 1 万元 "1 元面值" 的硬币，由于当时网点的库存不够，仅仅兑换了一部分，小张特意留下了客户的电话并告诉她会尽快安排满足她的需求。小张用最短的时间从周围网点又调拨到了零币，打电话通知客户赶快来兑换。客户过来的时候，告诉小张说，她曾去了附近多家银行，很少能足额换到零币，只有小张不嫌麻烦给她提供了这么周到的服务。看到客户高兴的样子，小张深深体会到大堂经理周到服务给客户带来的欢乐。小张和客户结交成了朋友，得知她是一家私营超市的老板。后来，客户在网点存入了定期存款 300 多万元，还购买了基金产品 150 多万元，成为本行优质的高端客户。

14. 四月份的一天，整个营业厅挤满了人，大家都忙得不可开交。网点保安带来了位朋友，客户性子很急且说话也很牛气，对网点的现场服务说三道四。这位客户是一家酒店的老板要在网点开户，大堂经理于是主动将这位 "贵宾" 请到后区办公室，倒好茶与客户亲切交流，并准备好相关开户申请资料协助客户进行填写。大堂经理每一个细微的服务和专业知识的表现使得客户很满意。融洽气氛中，银行大堂经理一边夸赞着客户的管理水平，一边及时收集客户的联系方式，加微信，留手机号，客户感觉自己与大堂经理的感情更进了一层。大堂经理则站在客户的角度，为这家酒店和这个老板量身定做了金融套餐：企业基本户、企业网银、手机银行、企业短信、POS 机、特惠商户、银联在线支付，还有企业员工代发工资、信用卡、贵宾卡等等。这位客户现在已经成为我行的忠诚客户。没事的时候，银行大堂经理总是在回忆着自己接待过这位客户，回味着自己很快就将其 "拿下"。银行大堂经理在分行举办的第二届客户关系管理大赛当中获得了 "最佳技能奖"。

15. 两位客户匆忙走进大厅，提出要将钱转到对面银行网点，取了号后就去休息区排队了。当时银行大堂经理被几位客户围着，没时间跟这两位客户继续深谈，但大堂经理一直在想，对面银行有什么产品吸引他们转款呢？大堂经理快速处理完手头的业务，赶紧走到刚才那两位客户身边低声说："您能给我介绍一下对面银行的产品吗？"客户赶紧递过来一份对面银行的代销保险产品的宣传手册。银行大堂经理一看连忙解释说："其实您要买的这种产品我们也有，而且这家保险公司就是从本银行分离出去的，本银行和这家保险公司的联系比对方要紧得多，是多年合作的老朋友，而且我们这里还有其他保险公司的合作产品，覆盖客户的类型非常广阔。我可以给您比较一下，让您有更多的选择。"最后，经过大堂经理的努力，两位客户最终选择了本行代理的保险产品。此事给当事者大堂经理也提了个醒，只有深入了解这个行业和特别是竞争对手的产品，才能更好地推荐自己的产品。

二、辨析问题提建议（指出下面银行大堂经理营业准备工作的主要问题，同时给出具体的改进建议）

1. 客户到网点回单柜取回单，发现有一张上月的1000元结算罚款单，就去找服务台的大堂经理论理："为什么要罚我们1000元？"大堂经理似乎有些司空见惯了客户由于开空头支票而被罚："罚款回单上有说明，您自己看吧。"客户有些不高兴嘟囔着："我还是看不明白。"大堂经理则微笑解释道："你们单位经常开出空头支票，收款人老来网点吵，可把我们害苦了。"客户又讲："柜员为什么不早告诉我们一声呢？"大堂经理则反问道："您们开空头支票可不是一次了。"客户有些扫兴的离开了网点。

2. 大堂经理小刘亲自接待了一位大额存款业务客户并带至贵宾区，服务过程中与客户高兴攀谈起来，并不断询问客户的存款安排和理财兴趣。小刘向客户适时推荐了本行的信用卡及数额可观的理财产品，并亲自陪同客户到大厅自助区进行长时间存款操作，留存彼此的联系方式。大厅里等候的客户看在眼里并表示出了不满，有一瞪着眼睛的男士直接指责小刘服务工作就盯着有钱的大客户、是个典型的"势利眼"，该存款客户也露出不悦的表情。

3. 客户到网点咨询理财事宜，经推介办理了本行"新股随心打"理财产品并存入 10 万元现金。由于近日没有新股发行，又向客户介绍了本行的双利理财七天通知存款，到有新股时再转出，客户接受了该方案。十几天后，客户来到网点要求柜员把双利理财账户的 10 万元转成活期存款打新股。柜员查询该客户存款情况后，向其说明七天通知存款第二次滚存还没有到期。客户则认为十几天前存入的七天通知存款肯定已经到期的，并对利息的计算产生怀疑，对柜员服务不满。客户要求马上取走 4 万元现金，并预约第二天再取剩下的 6 万元。见客户要求销卡后，柜员要求客户填写银行卡销户申请单据、银行卡个人网上银行相关业务申请表，并提供身份证复印件。客户情绪有些激动了，不理解为什么销卡时那么烦琐。柜员要求客户提供身份证复印件时，客户更加不满，认为柜员有意刁难。恰巧网点复印机在维修，柜员只得到复印店复印了身份证。在销卡的过程中又发生了读卡器无法读出卡信息的问题。柜员要求技术支持，同时向该客户解释不能及时销卡的原因，再次引起客户不满。当天下午 5 点后，客户再次来网点销卡并询问存款利息问题，柜员随即打印清单交客户。客户发现卡上只剩 33.73 元余款，要求柜员解释。银行大堂经理见状一起向该客户解释并试算给客户看。客户情绪激动，拍打柜台桌面，言语非常难听。大堂经理在窗口外与客户说理的时候也拍打了一下柜面，并发生激烈的争执。客户最终提出了投诉。大堂经理事后为自己的失态后悔不已。

4. 银行大堂经理对走进网点的客户微笑着询问:"您好,请问要办什么业务?""我要取48万元,已经预约好了。"客户回答。"请稍等!"大堂经理帮助客户取了贵宾号码并安排在刚刚办完业务的柜员窗口办理。柜员审核了客户的身份证并插入银行卡后调出了该客户银行卡的信息:"不好意思,小姐,请问您是不是拿错卡了,这张卡里只有10537元。""不会的,我前两天刚从其他银行转过来的,你再仔细看看。"经过一番查询后,柜员发现该客户原来是"新股随心打"产品的客户,刚好昨天有申购新股,因此当天凌晨已经从银行卡里扣款了。于是解释说:"小姐,您当初签了'新股随心打'产品协议,如果有新股申购,只要银行卡里有现金就会将这部分钱去申购新股的,现在您只能等新股未中签的钱退回后才能取这部分钱。"客户有些急了:"你们怎么没有短信通知我啊!这钱我急用的!""稍等,我帮您查看一下!小姐,您预留的联系电话是固定电话,所以没有收到短信。现在我将您的联系电话更改为您的手机号码了,下次您就不会碰到这种情况了。"这时,站在一旁的银行大堂经理忽然想起来,这位客户正是自己营销过的理财客户,而且预留客户电话信息也是自己随口问客户回复后填写的。客户当时的确留存的是固定电话。这位客户只好无奈离开了网点。

5. 营业厅大门刚开,久候在外购买国债的客户蜂拥入内,在柜台窗口前排起了长队,营业厅内外顿时紧张忙碌起来。"大爷,您好。3年期国债已经售完了,还有5年期的,可以吗?"柜员忙起身解释给客户。"怎么这么快就售完了,我前面也没排几位呀?"大爷一头雾水的问。"国债发行数量有限,全国各家银行网点在同一时间统一销售,很快就会售完,5年期的利率也不低,买点吗?不然一会也没了!"柜员催促着还在犹豫的客户。"5年期限时间太长,不合算,不买了。"老人不情愿的嘟囔着。"走吧,只有5年的了,期限太长,储蓄利率一升就不合算了,我也不想买了。忙活了大半天,起了个大早,连个晚集也没赶上。"客户们有些无奈和焦急起来。大堂内聚集的人群一时还不愿散去。大堂经理见到此景忙迎上前去开始了营销攻势:"国债数量毕竟很有限。我行现正在热销几款理财产品,收益表现也不错,大家是否有兴趣?""股市最近振荡不稳,基金不买,连本都保不住,风险太大了。""去年底本行理财产品年化收益率最高已经达到3.97%了,期限有1年至3年不同的期限。比买国债合算多了。"大堂经理越来越有自信了。"有这么好的产品?"

客户们兴致勃勃地围过来。可是这种表情只是刹那间的事，当他们听说理财产品起售点均在5万元以上时，就不那么兴奋了。"我只有3万元。"一位客户喃喃地说。另一位也不高兴的附和着："我只有4万元，门槛太高，别想了，咱们走吧！"一个小时后大堂内顿时恢复了平静。

6. 大堂经理在与营业厅里一位客户攀谈中发现这位客户应该是很有消费潜力的，同时对黄金产品投资表示出了浓厚的兴趣。大堂经理给客户详细介绍展柜里面的投资金条产品，客户则是不停询问有关黄金价格的表现及投资的具体策略问题。大堂经理准备和客户办理购买手续的时候，又有一位客户走到近前咨询贺岁金币的价格及手续，大堂经理又开始给这位新的客户认真介绍起来。他想，如果今天能拿下这两位客户，那业绩排名肯定是网点冠军了。但是应该是给客户等候的时间太长了，前面那位客户又犹豫了。礼貌的打个招呼后离开了网点。大堂经理送走了购买贺岁金币的客户后，还在后悔着："如果那位客户去其他行了，这笔单子可能也就彻底黄了。"

7. 银行大堂经理通常自己也尝试着购买一些基金，这样可以用自己真实的经验来推荐基金产品。客户听了大堂经理的推荐后往往会说："您既然都赢利了，那我也这样买吧！"客户经银行大堂经理推荐买的理财产品赚了钱，大堂经理自然会为客户高兴；但客户若赔了钱，银行大堂经理就总有个心魔，再次见到客户的时候总觉得有点愧疚，再也不敢去营销了。

8. 大堂经理肖扬见到了半年多未露面的宋老伯主动打起了招呼："大伯您好！请问您办理什么业务？"宋伯伯俯身过来问肖扬："现在利率降了这么多，存款利息太少了。听说理财产品收益高，我想将到期的储蓄存款全部转为理财产品。"肖扬知道宋老伯没什么主见，总爱跟风做事，于是介绍："理财产品有保本浮动收益类、保本保证收益类、非保本浮动收益类产品三种，您想购买哪一种？"老伯立马回答："自然是买收益最高的那种。"肖扬觉得应该明示一下风险："非保本浮动收益理财产品的收益虽然高一点，但它的风险较大，而且收益越高往往风险越大。"宋老伯不以为然："应该还好吧，我有朋友买的理财产品，到期连本带息都挺不错的啊！"肖扬觉得老伯还需要嘱咐："随着经济的不断下行，理财产品发生风险的不确定因素会逐渐增多，去年有些银行理财产品到期未能按预期年化收益率进行兑付，更有些银行理财产品到期就连本金都受到了损失，今年以来，多家银行也披露了理财产品提前终止的公告呢。"宋老伯没了主意："那我应该买哪一种？"肖扬认真起来："您进行风险评估后再帮您选择也不迟。"风险测评结束。肖扬有了具体的建议："从您的风险评估报告上看，您的风险评估等级是最低级，您应该适合配置保本浮动收益型理财产品。建议您将到期的储蓄存款全部投资在保本浮动收益型产品，会比您存定期合算得多。等您觉得收益不错后，再去购买高收益产品。"

9. 网点内的客户嘈杂声不断，服务台前围拢的人几乎让大堂经理小张脱不开身。而站在休息区的另一名大堂经理杜欣则在努力背着写好的微沙龙稿件："我是网点的大堂经理杜欣，大家叫我杜小胖就行了，盼望今日下午能和大家度过一段开心而有收获的时间。在各位来宾资产不断积累的时代，通胀的压力越来越大，如何让家庭的资产通过合理的方法保值、增值成了我们关注的话题。理财的意义在于：第一是获得收益，提升生活水平。投资理财行业的火爆发展，内含无微不至的理财服务。无论是生活消费，还是有意识去投资理财都属于百姓生活的一部分。第二是维护社会资金流通运转和循环。从个人的角度而言，个人投资理财可以满意投资者的生活和精神两个层面。而对于社会来说，投资者将手中的资金投入社会，保证了社会上资金的流通运转和循环，促进社会大生产的进展和提高。后者会对国家建设起到乐观的促进作用……"话还没说完，一位进门的客户径直走到杜欣跟前大声问着："劳驾，你们网点的 ATM 机刚刚把我的银行卡给吞了，你看怎么办呀？"

10. 宫某年初在网点办理 5 年期贷款 17 万元。该贷款于 4 月 4 日发放，还款日为每月 4 日。近期宫某到网点办理车贷业务，银行系统显示宫某的原有贷款有 4 次逾期记录，因此不予办理车贷业务。宫某致电客服进行投诉，表明自己在办理的贷款还款产生不良记录完全是由银行造成的。该笔贷款本应当年 4 月 4 日发放，银行方面直到 9 月份才通知到自己，所以产生了 4 次不良记录。次年 1 月 9 日，宫某到网点与大堂经理接触并要求支行领导协商，消除上年逾期还款产生的不良记录。支行又出具了一份限于再次贷款时使用的"情况说明"，告诉客户持有这份说明可到其他银行办理贷款业务。宫某持该说明到人民银行欲办理消除不良记录业务，人行工作人员告知，不能仅凭一份证明消除不良记录。需要原贷款行向总行提出申请，再由总行向人总行提出申请，待人总行批准后再通知当地人行，然后才可以进行信息更改。宫某无奈又返回网点，要求变更征信系统记录，但未得到支持。

三、选择正确答案（请将正确答案的序号填入下列题干后面的括号内）

1. （　　）客户喜欢遵从自己的内心感情办事，在银行大堂里面消费服务或者购买产品，最有可能和银行大堂经理成为好朋友。
   A. 情感型　　　　　　　　　　　B. 独断型
   C. 理智型　　　　　　　　　　　D. 谨慎型

2. 银行大堂经理的商机主要来自于下列客户资源中的（　　）。
   A. 银行大堂经理的亲朋好友及过去与银行大堂经理结缘的朋友
   B. 通过已有的客户延续网点产品或者服务的影响力，建立口碑，让自己的客户像滚雪球一样越来越多
   C. 每天在营业大厅里面对的陌生客户
   D. 通过相关渠道购买到的有消费能力信息的客户资源

3. 存量客户的"沉睡"原因主要是（　　）。
   A. 对产品有更多的个人感受或者要求
   B. 需要银行大堂经理提供最新的理财动态及金融产品信息
   C. 银行大堂经理没有积极营销客户
   D. 需要通过大数据技术获得精准营销信息推送

4. 客户的拒绝主要包括（　　）。
   A. 对银行产品或者服务价格的不满意
   B. 对银行大堂经理现场表现不满意
   C. 对银行产品后续服务不满意
   D. 对银行产品的竞争对手比较看好

5. 银行大堂经理倾听客户说话的时候应该做到（　　）。
   A. 银行大堂经理要站在一个客户的角度和客户进行交流
   B. 银行大堂经理要有足够的耐性
   C. 银行大堂经理要认真揣摩客户的每一句话和每一个字眼
   D. 不要主动打断客户谈话的思路且控制好自己的言行

6. 银行大堂经理销售产品前的准备工作包括（　　）。
   A. 了解本行产品的销售政策和价格策略
   B. 有明确的销售目标和计划
   C. 整理自己的职业形象
   D. 检查必备的销售工具

7. 银行大堂经理举办厅堂微沙龙活动应该注意的主要问题有（　　）。
   A. 要有一位工作人员负责现场的积极配合
   B. 有客户的持续跟进
   C. 让客户觉得有收获
   D. 要给客户发放礼品

8. 银行大堂经理举办厅堂微沙龙活动至少有如下几个方面的理由（　　）。

A. 有效缓解大堂等候客户的焦躁情绪
B. 识别潜力客户
C. 提升银行大堂经理的自信度
D. 有效提升银行大堂经理的营业厅秩序管控水平

9. 对于产品或者服务，银行大堂经理所使用的营销方法主要有（　　）。
A. 目标客户营销法　　　　　　B. 产品体验营销法
C. 交叉营销法　　　　　　　　D. 电话营销法
E. 媒体营销法

10. 出于提高大堂等候的 VIP 客户尽快提前办理业务的需要，银行大堂经理可以采取的主要做法有（　　）。
A. 将 VIP 客户直接安插到普通客户队前提前办理
B. 在 VIP 客户取号的时候安排普通号和贵宾号两个号码供选择
C. 让 VIP 客户在专属的营业区等候办理相关业务
D. 将所办理业务具有一定难度的客户调整到综合柜员窗口

11. 定期储蓄存款到期须进行自动转存的，续存期利息按前期（　　）利率计算。
A. 开户日　　　　　　　　　　B. 到期日
C. 结息日　　　　　　　　　　D. 年初日

12. 客户银行卡激活手续可在（　　）办理。
A. 微信公众号　　　　　　　　B. 网上银行
C. 全行网点　　　　　　　　　D. 客服热线

13. 封闭式证券投资基金与开放式证券投资基金的主要区别之一是（　　）。
A. 是否具有股权性　　　　　　B. 基金规模是否固定
C. 基金成立是否规定了最低规模　D. 是否被监管部门严格监督

14. 银行大堂经理从事理财产品推销活动时，下列做法中正确的是（　　）。
A. 大堂经理为成功销售出去本行理财产品，告诉客户其他行理财产品到期通常达不到预期收益
B. 代客户保管银行卡、密码及网银安全证书等物品，并根据市场行情代客户进行投资交易
C. 对风险承受能力较差的老客户前来网点购买股票型基金，大堂经理没有必要立刻为客户办理购买手续，而是先对该客户进行相关的风险提示
D. 客户要求购买预期收益较高的理财产品，并要求大堂经理对本金和收益进行书面承诺，大堂经理为提升销售业绩，服从了客户的要求

15. 无卡取款需要客户开通手机银行，取款前先登录手机银行，预约一定的取款金额，并设置预约码。ATM 取款时，须在设备上面输入（　　）进行取款。
A. 手机号　　　　　　　　　　B. 预约码
C. 卡密码　　　　　　　　　　D. 卡号

16. 银行卡机场贵宾登机服务的内容主要包括有（　　）。
A. 代办登机手续　　　　　　　B. 代办行李托运

C. 贵宾厅候机　　　　　　　　　　D. 绿色安检通道

17. 以下表述中，属于银行大堂经理与客户良好沟通习惯的是（　　）。
    A. 在与客户沟通时，非常严肃，从不面带笑容
    B. 注意客户的弦外之音
    C. 控制自己的谈话时间
    D. 适当做笔记

18. 银行大堂经理给客户拨打电话时应该注意的是（　　）。
    A. 考虑客户此时是否有时间接听电话、是否方便接听
    B. 一般情况下，如无急事，非上班时间不给客户打电话
    C. 如果对方不在，而事情不重要或不保密时，可请代接电话者转告
    D. 通话中，如果发生掉线、中断等情况，应等待对方重新拨打

19. 需要电话拜访时，银行大堂经理首先要确定客户（　　）。
    A. 是否方便接听电话　　　　　　B. 对产品是否感兴趣
    C. 是否有时间见面　　　　　　　D. 是否知道自己

20. 网上银行营销同其他服务渠道营销相比的优势主要体现在（　　）。
    A. 较低的经营成本　　　　　　　B. 更有效率的客户服务模式
    C. 降低了交易成本　　　　　　　D. 提供更具人性化的服务

21. 银行大堂经理解答客户有关产品或者服务咨询时，要求注意以下几个方面（　　）。
    A. 面向客户且仔细聆听客户需求　B. 待客户提问完毕后再作回答
    C. 不要打断客户提问抢答　　　　D. 不要反复向客户提出相同的问题

22. 银行大堂经理向客户讲解业务知识时，提倡采用（　　），避免客户产生误解。
    A. 通俗易懂的语言　　　　　　　B. 力求表达准确、简明、完整
    C. 专业严谨的语言　　　　　　　D. 和产品宣传手册的用语严格一致

23. 银行大堂经理发现客户对产品或者服务有疑问时，其应该使用的规范语言是（　　）。
    A. "请问您有什么问题吗？"　　　B. "这么简单的问题您还不明白吗？"
    C. "需要我给您说得更直白通俗吗？"　D. "请问您有什么不清楚的？"

24. 银行大堂经理从事理财产品销售活动应该遵循下列原则中的（　　）。
    A. 为理财客户保密原则　　　　　B. 自身勤勉尽职原则
    C. 诚实守信原则　　　　　　　　D. 平等对待理财客户原则

25. 银行大堂经理依据（　　）对客户进行理财产品推荐。
    A. 网点的销售任务安排　　　　　B. 客户应有的理财需求
    C. 领导的营销工作布置　　　　　D. 客户对产品的喜好

26. 从事理财产品销售活动应该符合下列所列条件中的（　　）。
    A. 具备相关理财产品的销售资质　B. 具备金融专业知识
    C. 具备财务管理知识　　　　　　D. 具有基本营销技能
    E. 具有相当规模的粉丝群

四、判断对错（请将你认为正确的在下列题干后画"√"，错误的在下列题干后画"×"）

1. 情感型客户的宣传具有最大的扩散效应，银行大堂经理要让这类客户感觉到自己的真诚。（   ）
2. 银行出售的保证收益型理财产品应该是由银行来承担投资风险。（   ）
3. 保证收益理财产品是保证支付全额本金和承诺收益的理财产品。（   ）
4. 产品营销活动应尽量为客户着想，最好由客户来确定或由客户主动安排时间，可以说"您看我什么时候来拜访"这样的话来寻求客户答案。（   ）
5. 产品营销很多时候不是一次两次和客户见面就能敲定下来的，还需要不断的在与客户的沟通中发现商机。（   ）
6. 客户通常觉得所获得利益要与他的期望值相当，否则他会觉得得不偿失而拒绝成交产品或服务。（   ）
7. 推销保险产品，应该提示理财客户购买财产保险后可以实现自身资产增值的理财目标。（   ）
8. 银行产品宣传文本应当由银行总行统一管理和授权，分行支行机构可以根据具体情况同样制作和分发宣传文本。（   ）
9. 利率、汇率和股票价格等因素的波动固然能对投资收益产生影响，但是投资者的本金不会遭受损失。因而大堂经理推荐理财产品的时候可以承诺保本。（   ）
10. 若央行宣布降息，则商业银行已售的理财产品收益预期会上升。（   ）
11. 如果能在理财产品规划之前了解潜在用户的特征，以及他们对产品的期待，那么银行理财产品的规划便可投其所好。（   ）
12. 客户选择产品的过程其实也是选择合作伙伴的过程，选择产品偏于理性，选择合作伙伴则偏于感性。银行大堂经理要有不断的情感投入来打消客户的疑惑。（   ）
13. 客户现在拒绝银行大堂经理的推荐并不代表永远拒绝银行大堂经理的推荐。（   ）
14. 要将客户的无序"想法"要转换成"能传递的有效信息"需要银行大堂经理的正确理解和诠释。（   ）
15. 客户认为银行大堂经理尊重他了，才有可能彼此之间进行有效沟通，并建立起坚实的客户关系。（   ）

五、解答问题（请从教材、专业书籍、网络相关内容的搜集整理后写出相关问答题的答案）

1. 按照客户需求标准对客户的基本分层及营销和维护方式是什么？

2. 对银行大堂经理初次营销切入点及切入方式的建议主要有什么？

3. 银行大堂经理营销产品所使用的主要方法有什么？

4. 银行大堂经理拜访客户后反省式自检的主要内容有什么？

第五部分
银行大堂经理的客户维护

一、阅读写感受（请你阅读下面文字后，写出自己对银行大堂经理维护的理解和认识）

1. 取得客户信任只是第一步，而维护客户则是更重要的环节。一段时间以来，银行大堂经理发现某位熟悉的男子客户来的次数少了，就想起上次他和太太来一起来办业务，他的太太似乎快要临产了，这段时间估计已是产后了。银行大堂经理于是打电话关心了一下客户的近况，客户和太太非常感动，邀请银行大堂经理必须去喝他孩子的满月喜酒。银行大堂经理自然与客户成了好朋友。银行大堂经理其实明白留住客户最重要的是要让客户在理财方面收益最大，所以就尽力在基金、股票方面向他的这位提供全面的资讯服务，使客户各方面的投资实现盈利。在这位客户的推荐下，他的不少朋友和客户也将存款转向我行，现已在我行存款上千万元了。

2. 只因 ATM 机吞钱后没有给他记账（正巧遇到机器轧账），某位客户成了网点的"投诉专业户"，稍不如意就到处告状。上级支行也反映拿这个客户没办法。服务周仔细研究后，网点负责人和银行大堂经理提上水果鲜花亲自登门拜访，表示接受他的批评和意见。经过沟通和交流，了解到他是一家房地产中介经营商，每天下午都有大量现金要存入 ATM 机，而网点的自助设备距离他的营业地址最近，使用起来最方便，他对网点设备有很大的依赖性。了解了情况后,大家谈得也就投缘了,大堂经理又向客户推荐了理财产品。客户当即痛快的买下 40 万元的代销基金产品,并对网点主动上门道歉沟通、积极为客户着想的行动表示感动。此事化干戈为玉帛,告状大户变成了理财大户。

3. 一位老爷爷来网点办理业务,走到我的服务台前问道:"你们这有没有什么产品可以让我的钱想定期就定期,想活期就活期呢?""您好,您说的是'定活两便'吗?"我急忙起身回应道。"好像是吧!"大爷的回答让我有所顾虑。为了让业务办理得顺畅明白,保证顾客利益最大化,我耐心地向大爷举例解释"定活两便"利息的计算。"大爷,您都明白我说的意思吗","大爷,您还有什么不清楚的吗","大爷,您觉得这样的存期您能接受吗",我不断重复地向老人介绍着这款产品。为了使其更明白产品内容,特别是本行同类产品的利率优势,整个业务持续了 20 多分钟,我终于看到老大爷顺利拿到了存折。老大爷则非常爽快的说:"人老理解能力就比较差了。你今天给我解释得很清楚,谢谢你呀,小姑娘!现在难得有年轻人对老人这么好啦!"其实,我也激动得很,感激老人对的我服务给予了这么高的评价。

4. 对客户的维护不仅是盯住客户的存款,而且要教给客户怎么叫作会"花钱",要为客户提供合理的存款组合和增值产品、服务推荐。不要看不起钱少的客户,往往会给你带来"惊喜"。我的一位老婆婆客户只有 30 万元的存款,而且平时在存取款的时候动作很慢且絮絮叨叨,柜台人员比都较反感。但只要我在现场,都会走到跟前帮她办好相关业务的手续。

后来熟悉了以后，她来存款的时候都会和我先电话联系一下。老婆婆听说我有存款任务，就问我相差多少任务数，我随口说大概是 200 万元左右的对公存款，还有 10 张卡的任务没有完成。老婆婆像是听清楚了。第二天，老人带着老板身份的儿子过来，看着儿子把自己公司的存款转移到本网点。银行客户的维护其实很简单。从小事做起，不要因事小而放弃或忽略。和客户保持一定的联系，并不是一定要每天都和对方联系。

5. 客户王捷现在是我一个比较好的朋友了。和王捷认识，是王捷陪他母亲来到网点办理房贷事宜，当时是我全程陪同他的母亲。无微不至的服务给王捷留下了良好的印象。后来在网点小区的篮球场上看到了王捷的身影，我上去和他一起打了会球，过程中大概了解了他的家庭背景后，我发现，王捷是一个有一定的经济实力和文化修养的海归，而且身边有很多具备实力的朋友。我感觉到王捷的身上有很多潜力可挖。王捷有诸如篮球、麻将、唱歌不少的兴趣爱好。篮球我还可以凑合，麻将和唱歌，我就真的不在行了。但是王捷篮球打的频率也不高，大部分时间的娱乐活动还是麻将和唱歌。我开始花时间学习麻将，反复听容易唱的歌曲。感觉自己初出茅庐后，便开始主动约王捷出去打麻将和唱歌。唱歌还好，重点是要气氛，而不在于唱的有多好。麻将就惨了，打几次，输几次，输后我都安慰自己，这些都当是交学费了。我和王捷越来越熟了。在一次麻将中，我对王捷说："最近玩得比较多，客户维护没有做到位，业绩表现也不怎么样。"王捷立马回答说："没事，我身边的朋友可能会有想开新卡存钱的，我帮你去问问。"工作没有白费。果然，第三天，王捷就打电话给我，说下午带两个朋友来网点买理财产品。接待过程中王捷也对理财产品做起了蛮专业的介绍。交流过程中可以看出他的朋友对我说的话的认同感，比起王捷说的差了 10 倍不止，很有权威。

6. 吴某原是本行金卡客户，因资金周转暂时掉级，银行大堂经理和客户经理得知客户喜得贵子后及时进行了探望。春节前夕，大堂经理再次拜访了吴某，感谢客户对银行的信任和支持，并送上了新春祝福及精美礼品。在与客户沟通时，大堂经理为客户简单的介绍了本行的非金融服务品种及资产配置的重要，特别是让客户认识到黄金在整体金融财产配置中的作用。后来，吴某根据金价建议先后从他行汇入资金购买了本行实物黄金14000克。大堂经理也积极承诺持续跟进客户，联系客户经理做好黄金的回拢工作。

7. 客户吴先生坦诚、质朴、敬业，大堂经理小唐在一次商务活动中和吴先生谈得非常投机，而且同为农民的儿子，吴先生求学创业至今日把企业做出规模，彼此有着共同的感受。小唐非常敬佩吴先生，吴先生也欣然同意与小唐所在银行合作，并有着持续不断的存款。10月29日，小唐得知吴先生到了重庆开县，立即乘坐大巴回万州准备好开卡资料，又连夜赶回距重庆万州80多公里的开县，看望吴先生并商谈开卡事宜；10月30日一大早，小唐从开县回到万州支行，破例为客户开好了两张至尊金卡。由于开县没有本行的网点，小唐又整理打印好在银行办理业务所应注意的若干事项和自助银行的相关操作程序资料，顾不得吃午饭又将制作好的金卡及资料送到开县，指导吴先生完成了密码自助修改，直到客户确认安全。11月3日，真诚的维护迎来了客户的厚报，吴先生在万州支行网点又存款1500万元，累计存款3400万元。资金到位的那一刻，小吴的眼中噙满了幸福的泪花，持续不断的努力换来了真金白银的喜悦！

8. 和铁杆或者准铁杆客户没事的时候相约一起吃吃午餐会是一个联络感情且发展业务不错的选项。现在的客户不是 80 年代的土豪了，不会再大吃大喝，但有时间有机会小聚一下也无妨。银行大堂经理更多的时候是找个机会和自己以往的重要客户吃个午餐，简单便捷的保持沟通与交流。聚会不要太频繁，效果反而不好。客户的左脑是负责理性的，右脑是负责感性的。先成为我们的朋友，才能成为我们的客户。银行大堂经理需要做的是先把基础关系维护好，才有可能让客户选择我们。当然，做事都要有真诚的实际行动，不要虚情假意的硬拉关系不办事。社会上流传的"没有永远的朋友，只有永远的利益"这句话相左于客户维护工作的原则。很多人辞职以后，有原来的客户打来电话都会生硬的拒绝，这是最不应该做的事情。即使我们银行大堂经理离职了，原来的客户还是我们的朋友，至少要给出解决问题的建议。只有存续的朋友关系，才能有永远的利益共享。

9. 客户及消费能力的稳定主要取决于大堂经理做了多少维护工作的努力。进入 9 月，网点又提升了一位战略级客户，但其资金一直存放于活期存款，极不稳定，大堂经理托人多方打听查找客户信息也没结果，在与私行沟通多次后，经过共同努力，终于在 12 月末联系到了这位活期存款的拥有者。随即，分行行长与网点负责人及大堂经理共同拜访了这位战略级客户，打开与客户进一步合作的契机。在后续的跟进中，网点大堂经理根据本行各类型产品特点及其客户的适合度，推荐了不少相关的理财产品。最终在次年月初，客户选择将临时存款转入理财产品 5010 万元，增强了客户与资金的稳定性。

10. 银行大堂经理宋佳琪今天在岗值班，这时候正是网点客户最多的时候，宋佳琪感觉自己的喉咙眼直往外冒火。"怎么这么多的客户呀？再派一名大堂经理也不够呀！"小宋的眼睛在大厅里面看来看去，忽然发现有一张非常熟悉的面孔，"这不是自己大学时期的专业课老师张教授吗？"宋佳琪赶紧走到张教授跟前，跟张教授嘘寒问暖起来。看到是自己的昔日老师来了，小宋在询问了老师要办的业务品种后，低声在老师的耳边说道："您跟我来！"老师也是心领神会地跟在小宋的身后，走进银行侧门的一个营业厅。原来这个网点装修时有着专门的窗口布置，给专享贵宾服务的客户办理业务安排的特殊场所。普通客户不注意很少能发现这个别有洞天的区域。没用5分钟老师就办完了业务，小宋亲自送张教授穿过拥挤的大厅到门外，并和老师高兴的聊起大学期间的同学们的糗事。季度末，宋佳琪第一次接到了"神秘人"反馈的服务问题信息及其暗访录像。录像中拍摄的正是那天他给老师加塞办事的全部过程。原来，这位来到网点的"神秘人"正是自己的大学老师张教授。宋佳琪开始觉得老师怎么能是这样哪？但经过网点经理的点播自己倒也想开了这件事：自己为熟人提供优质服务资源是在牺牲其他客户的利益基础之上的，服务的本身就存在着严重的瑕疵。

二、辨析问题提建议（指出下面银行大堂经理的客户维护工作中的主要问题，同时给出具体的改进建议）

1. 新买的楼房入住之后，小区的物业公司给业主们建立了微信群，自己加入后发现生活中的什么事都在这个群里面看得到：找工作的、买东西的、处置闲置物品的、公益活动宣传的、社区管理征询意见投票的……自己忽然间有了想法：多好的营销平台呀，要好好利用起这个资源！起先自己是小荷才露尖尖角的多嘴"宝宝鱼"，时常冒个泡啥的，随后自己的签名改成了"农行角门网点刘胖胖"。就这样好多楼宇的客户看见有银行的人员在群里，有什么具体的理财方面、企业开户方面、个人贷款的事宜都会群里找到我来问问，由于我经常在群里发布理财信息，日久天长自然把群里的好几个朋友发展成了我的铁杆粉丝，而且不仅做了贷记卡，理财存款也随之而来。自己目前有好几个客户存款都是从群里拉到网点的。我的经验分享就是：混个脸熟并处理好关系非常重要。瞧，有一个客户生日就要到了，我已经准备好银行的生日礼物让她下班后到约好的地点来取。

2. 许多来网点开过卡的客户其实都被我们忘记了，网点里来来往往的客户其实很多都是我们的老客户。这天，有个客户来到网点存大额现金，大堂经理会告诉客户如果是给自己存款，那么拿着钱和卡折直接去柜台办理即可，但客户到了柜台窗口后，柜员却要求客户出示身份证才可进行办理。客户被说的没有办法，只得回家里取来身份证才算办理了存款业务。第二天恰巧又是这位客户来网点取钱，大堂经理告知客户取款 5 万元以上必须出示身份证才可办理，该客户表示急用钱问是否可以通融，大堂经理告知不行。这位客户还真来了倔脾气，又去储蓄柜台问柜员是否可以开个绿灯，柜员也说不行。但是恰巧这名客户和该行分行管理层某主管是致密朋友，电话联系后两分钟，网点经理就接到上面领导的训话了，准许办理。而客户在如此折腾后脾气未消，他想："看来必须得给告知他不能取款的大堂经理和储蓄柜员点颜色看看。"这位客户当着大堂经理的面拨通了该行的客服电话，绘声绘色的对他们的"服务"进行了投诉及"问题"点评。

3. 某客户抱着"试试看"的心态到单位附近的银行网点咨询办理一种新业务，当向银行大堂经理咨询新业务办理的相关知识及要求时，大堂经理尽管满脸微笑、甜言蜜语、文明礼貌、热情有加，却吱吱唔唔，答非所问。因为缺乏对新业务知识全面了解，客户又不能从大堂经理的回复中得知新业务的"庐山真面目"是什么，只好"朦胧"着离开了网点。望着客户远去的背影,满脸灿烂的银行大堂经理既尴尬又惭愧至极。

4. 不少客户都反应,即使是网点的"固定"老客户,也很少享受到银行的"雨露"。客户前去某网点办理理财业务手续,按照银行大堂经理及客户经理的提示签完了所有的单子,随即离开。怎料 10 分钟后,银行大堂经理打来电话,要求客户立刻返回网点补一个签名。原来,因这位银行大堂经理工作疏忽而少让客户签了一份文件,但银行规章制度很严,缺少客户签字无法交差。但客户此时已驱车前往另一办事地点,于是电话里和银行大堂经理商量能否两个小时后回去补签。但银行大堂经理强硬的态度大大出乎客户的意料。客户想不明白,明明是银行大堂经理的工作失误,哪里来的底气强制客户无条件配合补缺?

5. 早晨网点的门一开,营业大厅跑进来了一对神情慌张的年轻夫妇,不停用手和大堂经理比划着,还在纸上写着"我要挂失"。得知他们是聋哑人后,大堂经理急忙上前用自己学过的手语与他们交流。聋哑夫妇紧张的情绪也慢慢缓解下来。经过了解得知,这对夫妇早上在公共汽车上丢了钱包,身份证和多张银行卡都在里面,他们很是着急。考虑到客户身份证丢失,不能通过柜台补办银行卡了,客户自己又不能进行电话挂失。在与客户手语沟通后,大堂经理协助他们做了口头挂失,并告诉客户后续处理流程。同时帮助客户将其他银行的两张卡也做了口头挂失。看到挂失成功，聋哑夫妇悬着的心终于放了下来，连连向大堂经理鞠躬致谢。三天后，这对聋哑夫妇顺利的补办了新卡。

6. 某日，一位上了年纪的老太太拄着拐杖来到营业厅，她神情紧张，大堂经理仔细询问后才知道，原来她在儿子家住的时候，曾在本行某网点开户，但存入折子里的钱没留密码无法通兑，而且这个网点去年又偏偏被取消了。大堂经理看到老太太的腿脚不方便，又着急用钱，进一步了解后得知老人的亲人都不在身边。看到老太太着急的样子，大堂经理安排好自己的工作后，借了同事的车将老太太亲自送到合并的网点办理完业务，随后又把她送回家中。临走时，老太太拉着大堂经理的手说："你真是个好姑娘，今天多亏有你"。

7. 那天中午我拉来一位老同学开卡并存钱。突然间大堂里的引导员拼命向我使眼色，我秒懂她是暗示我旁边服务台前的客户是"神秘人"。那个客户的包正对着我，里面是针孔摄像头无疑啊！瞬间一身冷汗，我刚才和同学间打情骂俏填单子的场景不会被拍了吧。我瞬间恢复微笑，开始使用礼貌服务术语无微不至给我的这位同学提供着银行标准的规范服务。可是我的那位同学根本不懂咋回事似的！看我突然改变态度还以为我要逗她，竟然哈哈大笑起来，同时还叫着我大学期间的不雅绰号。大厅里的客户都投来异样的眼光，而我当时就觉得肯定完蛋了，办完这笔业务我可以辞职了。如果服务过程被全程拍了下来，那还不成了分行的反面典型,全省通报让我以后还怎么混!我的这位同学走的时候还拧了一下我的脸,来了一句"你个贱驴",回复了我那句标准的走有送声"请您慢走,欢迎您再来!"……

三、选择正确答案(请将正确答案的序号填入下列题干后面的括号内)

1. 银行大堂经理在个人理财业务的客户关系维系中,所不包括的内容是指下列选项中的(　　)。
　　A. 理财知识的维护　　　　　　B. 客户本身的价值维护
　　C. 顾问式营销维护　　　　　　D. 交叉销售维护

2. 银行大堂经理帮助老客户解决实际问题,为老客户提供种种方便,特别是提供全过程的服务属于(　　)。
　　A. 银行软件的维护　　　　　　B. 银行硬件的维护
　　C. 客户心理的维护　　　　　　D. 服务功能的维护

3. 下列选项中,属于银行大堂经理维护客户最有效的方法是(　　)。
　　A. 细分客户的服务需求　　　　B. 加强 VIP 客户的维护
　　C. 给客户更多的关怀　　　　　D. 帮助客户理财成功

4. 下列选项中,不属于银行大堂经理客户维护策略的是(　　)。
　　A. 帮助客户节省资金开支　　　B. 为客户提供超额价值
　　C. 帮助客户省时省力　　　　　D. 营造一种值得客户信任的气氛

5. 下列选项中,不属于银行大堂经理维护客户忠诚度的方法是(　　)。
　　A. 向客户提供专门定制的产品和服务
　　B. 超越客户的期望值
　　C. 细分客户的需求类型
　　D. 积极解决客户的投诉

6. 下列选项中,不属于银行大堂经理重点客户维护的方法是(　　)。
　　A. 对客户进行全方位的服务和营销
　　B. 对客户及时进行专项答疑

C. 根据营销需求有选择的进行客户关怀

D. 随时和客户沟通并妥善解决客户的问题

7. 面对可能是职业投诉客户的时候，银行大堂经理应该采取正确的客户关系维护方法是（   ）。

A. 了解客户投诉的真实原因

B. 判断所投诉问题对银行或者客户产生的影响

C. 必须进行客户安抚工作

D. 让投诉客户把所有的消极情绪都发泄出来

8. 面对原有客户营销的时候，其实许多客户提出的要求并非他的实际需要，银行大堂经理应该采取正确方法是（   ）。

A. 在大脑中多问几个"为什么？"并想办法了解客户的真实意图

B. 根据既有的经验来判断客户的真实想法

C. 猜测客户的真实想法与客户交流选择

D. 引导客户按照我们的营销意图进行思维

9. 测定客户满意度的方法主要包括（   ）。

A. 使用银行的抱怨与建议系统

B. 在网上展开客户满意度调查

C. 利用客户服务系统接受投诉

D. 利用网上银行进行产品销售测试

10. 银行大堂经理需要维护客户的忠诚度。假定一个客户在情感上对银行很忠诚，则他的外在表现应该是（   ）。

A. 只选择目前这一家银行购买产品或服务

B. 对该银行网点的产品或服务满意

C. 就近选择网点购买产品或服务

D. 向他所熟悉的人推荐该银行的产品或服务，并视其为标准

11. 在客户关系维护工作方面，客户对银行大堂经理的满意度不仅取决于大堂经理服务的水平，还取决于下列因素中的（   ）。

A. 客户对大堂经理服务的预期

B. 客户对大堂经理服务的抱怨

C. 客户对大堂经理服务的感受

D. 客户对大堂经理服务的理解

12. 维护并提升客户对银行的忠诚度在许多时候是围绕着客户对大堂经理的忠诚培育而展开的。但若存在以下描述的情形，并非是客户对大堂经理的忠诚度产生了问题（   ）。

A. 对大堂经理的服务产生了情感和依赖

B. 不断购买大堂经理推荐的产品

C. 即便遇到对大堂经理的服务不满意，也不会向银行客服投诉

D. 有对亲朋好友推荐大堂经理及服务的意愿

13. 商业银行客户忠诚的价值主要体现在（   ）。

A. 可以促进银行收入和利润的增长

B. 可以降低银行的客户获得成本和客户服务成本

C. 有助于银行树立良好的品牌形象

D. 有利于银行新产品和新业务的传播

14. 影响银行客户忠诚度高低的主要因素有（   ）。

A. 购买者从一家银行向另一家银行转换时所面临的一次性成本

B. 客户对银行产品或者服务的满意程度

C. 客户对于银行产品或服务的信任程度

D. 客户消费产品或者服务的自我评估

15. 目前，职业投诉银行服务质量问题主要集中在（   ）。

A. 银行网点硬件设施故障和破损

B. 大堂经理职业着装不规范

C. 大堂经理和柜员业务口径不一致

D. 客户办理业务时间等待过长

16. 下列银行大堂经理的实际行动中，属于超越客户期望的有效行为是（   ）。

A. 认真包装要推销的银行产品或服务

B. 帮助客户认识银行

C. 大堂经理和客户成为至亲朋友

D. 成为相关领域专家

17. 下列有关银行大堂经理服务绝活的理解中，正确的是（   ）。

A. 只要大堂经理的服务技能出众就可称作绝活

B. 大堂经理有独门绝技才能称作绝活

C. 大堂经理设法满足客户的所有需求

D. 是否拥有绝技要有众多客户的口碑

四、判断对错（请将你认为正确的在下列题干后画"√"，错误的在下列题干后画"×"）

1. 银行大堂经理为了挖掘更多的优质客户资源，可以寻找目前所有的高端客户帮助介绍新客户源。（   ）

2. 利用微信公众号或者抖音平台来进行理财知识的讲座并顺势推荐本行的产品是一种新的客户维护思路。（   ）

3. 人天生就有惰性，喜欢待在自己认为舒适的领域。这就是为什么很多大堂经理在自己的服务岗位上干了一辈子，却很少有机会脱颖而出的原因。（   ）

4. 银行大堂经理想练就一项绝活，必然需要投入大量的时间和精力，但学会使用闲散时间零敲碎打自己的技术更加现实，特别是揣摩优秀者的做法。（   ）

5. 大堂经理积攒自己客户源的方法其实在很多时候是利用了自己的特长和爱好，唱唱京剧、扭扭秧歌、书展笔会都会是维系客户稳定并拓展人脉的"利器"。（   ）

6. 银行大堂经理向老客户推荐产品或服务的成功率远高于新开拓的客户，而且成本还低于后者。（   ）

7. 职业投诉客户若利用自媒体扩散放大网点大堂服务的问题，银行则应该利用主流媒体对大堂经理的服务进行正面报道。（   ）

8. 银行大堂经理对客户关系的维护主要是情感的维护。（   ）

9. 银行大堂经理对客户进行的维护工作既是前期营销工作的延续，同时也是新产品推荐的机会。（   ）

10. 客户的维护活动需要有详尽的实施方案，并符合客户群体的兴趣和爱好特征，在客户活动过程中推荐签约新的产品或服务。（   ）

11. 大堂经理若发现客户使用手机偷拍自己应提示客户银行营业厅禁止拍照且银行自己有监控设备录像。（   ）

12. 使用大数据技术既可对客户营销实行精准定位，也可能会带来杀熟的不良想法。银行客户维护要严格禁止损害客户利益的操作。（   ）

五、解答问题（请从教材、专业书籍、网络相关内容的搜集整理后写出相关问答题的答案）

1. 提升商业银行网点客户忠诚度的方法主要有哪些？

2. 银行大堂经理在哪些方面可以超越客户期望值？

3. 商业银行服务客户满意度的主要影响因素是哪些?

4. 设计一份有关银行大堂经理服务质量方面的调查问卷。